AF462001

L. J. C.
ET
M. I.

CIRCULAIRE
N° 96.

Paris, le 26 février 1886.

VIE
DU
Révérend Père LÉGEARD

MISSIONNAIRE OBLAT DE MARIE IMMACULÉE

LETTRE AU TRÈS RÉVÉREND PÈRE SUPÉRIEUR GÉNÉRAL

Paris, le 21 février 1886.

Mon Très Révérend Père,

Je vous présente la notice nécrologique du R. P. Légeard. Malgré sa longueur qui va bien au delà de la limite ordinaire du pieux hommage rendu par la Congrégation à ses membres défunts, vous avez bien voulu y trouver de l'intérêt et croire qu'elle pourrait faire quelque bien. C'est ce qui m'encourage à la faire imprimer.

Cette étendue exceptionnelle s'explique par les documents que j'ai eus à ma disposition. Le P. Légeard écrivait régulièrement à sa famille. On a eu la bonté de nous communiquer cette correspondance. Complétée par nos Annales et par le journal des Sœurs Grises de l'Ile-à-la-Crosse, elle m'a permis de suivre le P. Légeard depuis l'origine de sa vocation jusqu'à sa mort, et de saisir en quelque sorte sur le vif les principaux faits de sa vie, les impressions de sa belle âme, et la preuve constante de son excellent jugement et de sa forte vertu. En avançant dans mon récit, je me suis trouvé sous le charme d'une piété si tendre, d'un esprit si droit et d'une carrière apostolique si bien remplie, que j'aurais cru faire tort à la Congrégation en lui dérobant quelque chose du trésor d'édification que j'avais sous les yeux.

Notre cher défunt a possédé à un rare degré l'esprit de notre Institut. Conduit par la main de Dieu dans la terre qui lui convenait, il s'en est assimilé les sucs bienfaisants, et s'y est épanoui comme une belle fleur dont le parfum a embaumé tous ses alentours, et dont le fruit a été trouvé de bonne heure suffisamment mûr et exquis pour être cueilli par la main du Père céleste.

Tour à tour novice, scolastique, professeur, missionnaire en pays sauvage, et Supérieur de mission, il a déployé dans ces états successifs les dispositions de fervente régularité et de ferme attachement à sa vocation, de zèle ardent et de parfait dévouement qui constituent l'Oblat selon le cœur de Dieu. Notre vénéré Fondateur, s'il avait vécu de son temps, se serait reconnu en lui, et l'aurait aimé de cette tendre affection qu'il prodiguait si délicieusement à ceux de ses enfants dont l'âme portait la vive empreinte des vertus de Notre-Seigneur.

C'est ce qui m'inspire la confiance que ce travail, quelle qu'en soit l'imperfection, sera favorablement accueilli dans la Congrégation, et surtout dans nos maisons d'études et de noviciat. Nos jeunes gens y verront comment, avec de simples talents ordinaires, un religieux peut réussir, par l'éclat de sa piété, par la vigueur de sa vertu et par une constante fidélité aux grâces de sa vocation, à se tracer un glorieux sillon dans l'Église, et à mériter que longtemps après sa mort on dise de sa vie qu'elle est recommandable et précieuse pour les hommes comme pour Dieu : *Quoniam et apud Deum nota est et apud homines* (1), avantages que n'ont jamais conquis les qualités humaines les plus brillantes, séparées des vertus surnaturelles qui seules nous élèvent au partage de l'immortalité de Dieu.

Le grand mérite du P. Légeard, c'est de s'être avant tout mis en peine de devenir un saint religieux. En récompense de cette noble aspiration, Dieu ne s'est pas contenté de lui donner la sainteté, il a répandu sur son ministère les plus abondantes bénédictions et, par surcroît, il se plaît à décorer son nom parmi nous d'une auréole d'honneur.

C'est la leçon et l'encouragement qui se dégagent de cette pieuse et limpide existence.

Veuillez agréer, mon Très Révérend Père, avec l'humble hommage de ce travail, l'expression de ma respectueuse et filiale vénération en Notre-Seigneur et Marie-Immaculée.

L. Soullier, O. M. I.
Assistant général.

(1) Sap., IV, 1.

A la lettre qui précède, le T. R. P. Général a daigné faire la réponse suivante :

Paris, le 23 février 1886.

MON RÉVÉREND PÈRE,

J'approuve de tout cœur la biographie de notre cher P. Légeard, que vous avez écrite avec tout votre cœur, on le sent bien en la lisant. Vous avez été captivé par les documents précieux que la bonne Providence vous a mis entre les mains. Cette biographie, je l'ai lue avec un vif intérêt et une grande édification. Elle m'a fait du bien. Je suis convaincu qu'elle en fera également dans la Congrégation. Junioristes, novices, scolastiques, Pères et Supérieurs, tous pourront trouver un modèle dans celui dont vous retracez l'existence si pieuse et si sainte.

Je vous remercie de ce nouveau témoignage de dévouement que vous donnez à la Famille. Grâce à vous, le bon P. Légeard restera vivant parmi ses Frères. Il a passé en faisant le bien, il continuera à le faire. Le souvenir de ses vertus et de ses exemples sera pour nous tous un puissant encouragement : *Defunctus adhuc loquitur*.

Priez pour moi, mon Révérend Père, et croyez à tout mon dévouement en Notre-Seigneur et Marie-Immaculée.

FABRE, O. M. I.
Sup. gén.

VIE
DU
RÉVÉREND PÈRE LÉGEARD

MISSIONNAIRE OBLAT DE MARIE IMMACULÉE

CHAPITRE PREMIER

Enfance et première éducation.

Le R. P. Prosper Légeard naquit à Montsurs, dans la Mayenne, le jour de la fête de saint Louis, roi de France, 25 août 1843. Il appartenait à une famille d'ouvriers, modeste par la fortune, riche par la foi et l'attachement à la religion. Sa mère, chrétienne fervente, l'éleva avec soin. Elle s'appliqua de bonne heure à lui faire prononcer les saints noms de Dieu, de Jésus et de Marie. Elle lui apprit à craindre le péché comme le mal souverain, et l'on verra que cette impression sainte, mise dans l'âme de l'enfant par sa pieuse mère, ne s'effacera plus.

Il faut avouer cependant que cette première éducation se ressentit de la faiblesse trop commune aux parents pour leur premier-né. Prosper était un enfant précoce, il avait l'esprit vif et enjoué; son père et sa mère s'habituèrent à l'admirer et à lui céder à peu près en tout, malgré les avertissements de l'oncle maternel, vicaire de Chantrigné, qui leur disait : « Vous gâtez cet enfant, vous nous donnerez du fil à retordre. »

C'est ce qui ne manqua pas d'arriver. Au bout de quelques années, ses parents ne pouvant plus en être maîtres, l'envoyèrent à Mayenne chez sa grand'mère et sa tante. Mais, ne trouvant là que deux femmes pour le diriger, l'enfant, dont la volonté était déjà énergique et tenace, secoua bien vite le joug, et devint un sujet de grand souci pour la grand'mère qui disait tristement : « Que ferons-nous de ce garçon ?... » L'oncle de Chantrigné la rassurait : « Je vois du bon dans cet enfant, lui disait-il, c'est une grande fermeté de volonté, il s'agit seulement de la diriger vers le bien. Il a du cœur et de vifs sentiments de religion et de crainte de Dieu. Avec ces dispositions, nous pourrons, Dieu aidant, en tirer bon parti. »

Malgré sa turbulence, en effet, et l'opiniâtreté de son caractère, déjà la piété se dessinait en lui et le portait à aimer les fonctions sacerdotales. Ses jouets préférés étaient des croix, des bannières, des autels. Il s'amusait, le plus souvent, à imiter les cérémonies religieuses, surtout lorsqu'il était en compagnie de sa sœur Hortense, plus tard religieuse de la Providence de Ruillé-sur-Loir.

Vers l'âge de huit ans, il perdit sa pieuse mère ; ce coup lui fut très sensible et parut le mûrir un peu. Son oncle l'amena alors à Chantrigné et le mit en pension chez le maître d'école. Chaque jour, il le faisait venir près de lui pour lui donner des leçons de latin, car Prosper avait manifesté l'intention d'être prêtre. Pour corriger ses défauts et stimuler son ardeur au travail, l'excellent oncle le prenait par le cœur. Tous les matins, en entrant dans sa chambre, l'enfant venait l'embrasser s'il avait été sage et studieux ; mais, s'il avait mal travaillé ou commis quelque faute, il se voyait accueilli froidement et privé de cette caresse pour ce jour-là, punition très vivement sentie et dont il allait ordinairement faire la confidence en pleurant à de bonnes dames de l'endroit qui s'intéressaient à lui.

A mesure qu'il avançait en âge, on pouvait suivre les progrès qu'il faisait dans l'amour de l'étude et de la vertu. Chaque jour, il prenait plus d'empire sur son caractère entier et exigeant. Il acquit bientôt la sagesse d'un enfant chrétien, et on le jugea digne de se préparer à l'acte si important de la première Communion. C'est pour cela qu'on le mit, à l'âge de dix ans, au collège de Domfront où il entra en sixième. A cette époque, dans le diocèse de Séez, on n'était pas admis à la première communion si on n'avait onze ans révolus. Ce fut pour notre collégien une cruelle déception. Dans une lettre touchante qu'il écrivit à son oncle, il exprima combien lui était pénible cet ajournement. Comme compensation, il reçut la grâce de la première absolution. C'était une grâce, en effet, trop peu appréciée d'une génération mal guérie des blessures du jansénisme, et malheureusement refusée par la généralité des prêtres qui, alors, n'absolvaient leurs jeunes pénitents que pour les faire communier.

On peut juger combien Prosper estima ce qui n'était pour lui qu'une demi-faveur, par la reconnaissance enthousiaste et la joie qu'il fit paraître ensuite, en parlant avec ses camarades du bonheur qu'on éprouve quand on sent la grâce couler dans son âme pour la régénérer et la réconcilier avec Dieu.

Le sacrement de Pénitence imprima une nouvelle vigueur à son goût pour la piété et à son ardeur pour l'étude. Pendant les quelques années qu'il passa à Domfront, il se fit aimer de ses condisciples et de ses maîtres. Sa piété, si l'on excepte une heure de trouble et d'hésitation, tentative suprême de l'ennemi des âmes pour le détourner de la voie qui devait le mener au sacerdoce et à l'état religieux, sa piété ne se démentit plus durant ses études qu'il alla continuer au petit séminaire de Précigné et, plus tard, au petit séminaire de Mayenne.

Après une retraite fervente qu'il fit dans ce dernier établissement, sous la direction du Père Chaignon, jésuite, les nuages qui, un instant, avaient voilé la volonté de Dieu sur lui se dissipèrent entièrement, et il se sentit plus fortement appelé à l'état ecclésiastique. Il correspondit généreusement aux desseins de la divine Providence sur lui.

Dans une visite qui suivit ces saints exercices, son oncle

eut le bonheur d'entendre l'excellent supérieur, M. Fillion (1) lui dire : — « Je n'ai que d'excellents témoignages à vous donner de votre neveu ; ce n'est plus le même. Il a beaucoup gagné sous tous les rapports, du travail, du caractère et du talent. »

Prosper prenait dès lors grand soin d'instruire son père de ses progrès et de ses succès, afin de le soutenir dans les sacrifices que nécessitait son éducation.

« Cher papa, je n'ai que de bonnes nouvelles à te communiquer. Aux billets de satisfaction que je t'ai envoyés, il faut en ajouter trois autres. Tu peux ainsi constater que je n'en ai pas manqué un seul. Ta joie sera au comble si je te dis que j'ai obtenu une lettre de satisfaction. Le bon Dieu couronne mes efforts, car mes places sont aussi bonnes : quatrième en vers latins et neuvième en discours français. J'espère, cette année, être le onzième en excellence sur trente élèves. Voilà, cher papa, ce que j'ai à t'offrir, ce que je désire continuer de t'offrir pour te dédommager de toutes les peines que tu te donnes pour moi, et pour te prouver mon amour et ma filiale reconnaissance. »

Nous devons les détails qui précèdent à l'excellent vicaire de Chantrigné, M. Lair Lamotte, aujourd'hui curé d'Izé, au diocèse de Laval.

Le R. P. Leduc est heureux de joindre sa voix à celle de ce vénérable prêtre pour dire à la Congrégation ce que fut notre cher défunt au petit et au grand séminaire. Venu en France pour le Chapitre général de 1876, il y était encore lorsque arriva la nouvelle de la mort du Père Légeard. Voici l'hommage qu'il rendit alors à sa mémoire.

« J'ai fait avec le Père Légeard, soit à Précigné, soit à Mayenne, mon cours de troisième, de seconde, de rhétorique et de philosophie. Je puis affirmer que pendant tout ce temps, notre cher défunt a été pour moi et pour tout son cours un modèle d'application à l'étude, de régularité et de piété.

(1) Frère de Mgr Fillion, cet excellent ami de notre Congrégation, mort évêque du Mans.

« Au mois de septembre 1856, âgé seulement de treize ans, il entrait en troisième au petit séminaire de Précigné. Il étudiait avec la pensée bien arrêtée de devenir prêtre un jour et de se consacrer tout entier au salut des âmes. Pensait-il déjà à embrasser plus tard la vie religieuse et apostolique ? Je ne saurais le dire, mais ce que je puis affirmer, c'est que dès cette époque, il se préparait sérieusement au sacerdoce par une étude assidue et par une piété plus qu'ordinaire. Par son travail incessant, il sut conquérir et conserver jusqu'à la fin une place honorable dans sa classe. Par sa douceur et son affabilité envers tous, il sut aussi se concilier l'estime et l'affection de ses condisciples.

« Le 22 juillet dernier j'avais le bonheur d'assister, à Notre-Dame d'Avesnières, près Laval, à la réunion des élèves de notre cours, et tous nos anciens condisciples m'exprimèrent l'excellent souvenir qu'ils gardaient de ce bon Père, duquel, hélas ! nous ignorions la mort.

« En seconde et en rhétorique, le Père Légeard sembla vouloir encore redoubler d'application et de piété. Chaque quinzaine, il était immanquablement inscrit au tableau d'honneur. Tous les mois, lorsque sa conduite avait été exemplaire, que sa double inscription au tableau d'honneur avait été méritée, et qu'aucune punition, si légère qu'elle fût, n'avait été encourue, l'élève avait droit à un billet de satisfaction. Or le jeune Légeard n'en a pas manqué un seul. Deux fois par an, une lettre de satisfaction était adressée par le supérieur aux parents, amis ou bienfaiteurs d'un élève parfaitement exemplaire : ces lettres, le Père Légeard les a toutes obtenues.

« Le petit séminaire de Mayenne venait d'être fondé. Au mois de février 1858, le R. P. Chaignon nous prêcha une retraite, à l'issue de laquelle on décida que quinze élèves, choisis par les suffrages de leurs condisciples, formeraient ce qu'il fut convenu d'appeler la « Congrégation de la Sainte Vierge. » A ces élèves incomberait l'obligation plus stricte de donner l'exemple de l'obéissance, de l'application à l'étude et de la piété. Le jeune Prosper était trop aimé et estimé de ses condisciples pour n'être pas choisi : il le fut aux applaudissements de tous. On vit dès lors briller en lui, d'un éclat plus vif, la dévotion du futur prêtre et de l'Oblat : il aima, plus que jamais, la divine Eucharistie. Le samedi il s'approchait régulièrement du tribunal de la Pénitence, et le dimanche, on le voyait ému, recueilli, aller s'asseoir à la table sainte.

« Que de fois j'ai vu, pendant l'étude, notre regretté défunt joindre les mains sur son livre et prier quelques instants avec ferveur pour recommander son travail à Dieu et implorer les lumières de l'Esprit-Saint. C'était un élève modèle, sa vue faisait du bien. C'est l'idée que nous en avions tous.

« Nous étions en philosophie lorsque nous eûmes le bonheur de voir pour la première fois Mgr Grandin. Quelques mois plus tard nous étions l'un et l'autre les heureux enfants de la Congrégation. Et voilà que le Père Légeard a été trouvé mûr pour le ciel, il a déjà reçu la couronne, tandis que moi, tout en l'espérant fermement de la miséricorde infinie de Dieu, je ne suis pourtant pas sûr de l'obtenir. Oh ! puisse ma mort être semblable à la sienne ! *Fiant novissima mea ejus similia.* (Num, XXIII, 10.) »

CHAPITRE DEUXIÈME

Cléricature. — Vocation religieuse.

Prosper fut admis à prendre la soutane vers la fin d'octobre 1859. Dieu lui ménagea alors une rencontre qui fut pour lui comme le premier appel à la vocation apostolique. Mgr Grandin venait d'être sacré à Marseille évêque de Satala. Comme il visitait ensuite le petit séminaire de Mayenne, le vénérable M. Fillion lui présenta les élèves de philosophie dans la cour de récréation. — « Monseigneur, lui dit-il aimablement, choisissez parmi ces élèves ceux que vous voudrez pour travailler dans vos missions. » Le saint Évêque étendant alors les mains de chaque côté : « Je prends ces deux là, » répondit-il, et il attirait à lui le jeune Prosper et un de ses condisciples. Ce fut pour ces jeunes gens le *Veni sequere me* du Sauveur. Quelques années plus tard ils étaient l'un et l'autre les heureux enfants de la Congrégation, et ils suivaient Mgr Grandin pour évangéliser sous sa direction les pauvres sauvages de l'Amérique du Nord. Ces deux élus étaient le Père Légeard et le Père Leduc.

Sa philosophie terminée à Mayenne, Prosper entra au grand séminaire de Laval. C'est là que sa vocation devait achever de se mûrir. Il y fut un sujet d'édification par sa modestie et sa bonne tenue. Sa piété était profonde. Elle lui inspira, durant ses vacances à Chantrigné, le zèle le plus industrieux pour étendre le règne de Dieu dans les âmes. Il aimait à propager certaines pratiques de dévotion, particulièrement celles qui avaient pour objet le Sacré Cœur de Jésus, la très sainte Vierge et la bienheureuse Marguerite-Marie. Son âme s'ouvrit dès lors, avec une prédilection marquée, au culte de cette bienheureuse amante du Sacré Cœur de Jésus. Nous en retrouverons la trace profonde dans sa vie religieuse et apostolique.

Vint le moment de faire à sa famille l'ouverture de son projet de vie religieuse. Il n'y eut de surprise pour personne. On l'avait vu toujours si pieux, si fervent, qu'on pensait bien que son ardeur ne voudrait pas s'arrêter à une perfection ordinaire. Son oncle en fut heureux. Tout en l'engageant à bien réfléchir encore dans une affaire aussi grave, il crut devoir le féliciter de ce que le Seigneur daignait l'appeler au sublime état de Missionnaire des pauvres. Le départ fut décidé pour les premiers jours de l'année 1863.

Il n'y eut pas à faire trop d'instances auprès du père pour obtenir son consentement. Avant de partir, soucieux du salut de ce père bien-aimé, Prosper recommanda à son oncle d'en avoir soin. « Je vous en conjure, lui écrivait-il, priez pour lui, priez pour qu'il revienne véritablement à Dieu, et que ce retour soit définitif et complet; que désormais il aille chercher la joie, la consolation et la force où on les trouve ici-bas : dans le Cœur de Notre-Seigneur par la fréquentation des Sacrements. Écrivez-lui de temps en temps pour l'exciter, le fortifier, le consoler. Il vous écoute volontiers : vous pouvez lui faire beaucoup de bien. »

Précédemment, comme pour le confier à la très sainte Vierge, il lui avait envoyé une médaille en le suppliant de la porter à son cou toute sa vie.

Comme si Dieu lui avait donné le pressentiment de la fin prochaine de son père, lequel mourut en effet peu de temps après, notre jeune lévite concentre sur cette chère âme toute l'ardeur de son zèle. Le salut de son père est son idée fixe ; il y revient à temps et à contre-temps ; et au risque de l'importuner, il le presse dans toutes ses lettres d'assurer son avenir éternel. « Je n'ai pas oublié, lui écrit-il, la promesse que tu m'as faite. J'espère que tu la tiendras fidèlement pour la joie de ta vie et pour le bonheur de ton éternité. Sois sans crainte en face des moqueries de l'impiété. Laisse dire les méchants ; ils ne répondront pas pour toi au jugement de Dieu. Tu veux aller au ciel? prends-en le chemin. Va trouver Monsieur le Curé sous le prétexte de lui apporter quelques honoraires de messes, et prie-le d'entendre ta confession. Je t'en prie, rends-toi à mes instances. Je serai si content d'apprendre que tu as rempli ton devoir ! »

Puis, faisant appel aux sentiments du cœur : « si l'on te disait, ajoute-t-il, que tu retrouveras un jour ma bonne maman et notre chère Zélie (1), ne te sentirais-tu pas disposé à embrasser tous les sacrifices pour obtenir ce bonheur? Eh bien ! moi je t'assure que tu les reverras si, comme tu me l'as promis, tu obéis à la voix de Dieu et de ta conscience, et si tu continues dans la suite à vivre en bon chrétien. »

Enfant pieux et bien élevé, il s'acquitte auprès de tous

(1) Sa seconde sœur, morte toute jeune.

des devoirs que lui dictent l'affection et la reconnaissance. Il remercie son oncle de toutes les bontés qu'il a eues pour lui, de tous les soins dont il a entouré son enfance et sa jeunesse. « Priez pour moi, lui dit-il, afin que je ne laisse perdre aucune des grâces que le bon Dieu me réserve, et que je devienne un saint religieux, et plus tard, si telle est la volonté de Dieu, un prêtre fervent, un missionnaire dévoré de zèle pour procurer sa gloire et le salut des âmes. »

CHAPITRE TROISIÈME

Départ pour Notre-Dame de l'Osier. — Noviciat.

C'est dans ces saintes dispositions, et en suivant l'excellente direction que lui avait donnée M. l'abbé Huard, l'un de nos bons amis de Laval, que l'abbé Légeard entra au noviciat de Notre-Dame de l'Osier. Arrivé dans cette bénie maison, il s'empressa, dès qu'il fut libre, d'adresser à sa famille d'intéressants détails sur son voyage. Ce voyage nous le montre bien tel que la grâce de Dieu l'avait fait, exclusivement acquis désormais aux inspirations de la piété et du zèle le plus pur. Parti de Laval le lundi matin, 5 janvier 1863, il s'est arrêté quelques heures au Mans pour prendre l'authentique d'une relique de la vraie Croix qu'il portait sur lui. A Paris, sa première visite a été pour Notre-Dame des Victoires où il a communié et prié pour tous les siens. Il a visité la salle des Martyrs, au séminaire des Missions Étrangères ; il a collé ses lèvres sur les cangues qui ont meurtri les épaules des confesseurs de la foi, sur les chaînes qui ont servi à les lier, sur les cordes qui les ont étranglés, sur les tapis où ils ont été décapités et qui portent encore la trace de leur sang.

Nos Pères de la rue Saint-Pétersbourg l'ont ensuite accompagné aux funérailles du Cardinal Morlot, pompeusement célébrées à Notre-Dame; puis il a quitté Paris, après avoir vu les membres de sa famille qui s'y trouvaient, et reçu la bénédiction du Très Révérend Père Général.

A Lyon, il n'a eu souci que d'aller se prosterner dans le sanctuaire de Fourvières pour fixer le regard miséricordieux de Marie sur sa vocation et sur ses parents. Enfin il est arrivé sans encombre à Notre-Dame de l'Osier le samedi, 10 janvier. On l'a mis en retraite le surlendemain, et le vendredi suivant on lui a donné le saint habit. — « Me voilà maintenant novice, dit-il, et je vous promets que les jours passent vite. Si vous saviez comme tous nos moments sont pris du matin au soir; nous n'avons pas le temps de nous ennuyer. »

Le noviciat comptait à ce moment treize novices venus des diverses régions de la France, et aujourd'hui dispersés dans nos missions d'Europe, d'Amérique, d'Afrique et d'Asie. La conversation de ces jeunes gens avait pour objet ordinaire ce grand apostolat qui leur ouvrait le monde entier. L'esprit généreux du Frère Légeard tomba dès l'abord sous le charme d'une telle perspective et se sentit dans le milieu qui lui convenait. « Priez bien pour moi, dit-il à son oncle, afin que je profite des grâces abondantes dont Dieu me comble dans cette sainte maison, que je m'y plaise de plus en plus, que je me pénètre bien de l'esprit de notre Congrégation et que je devienne un saint religieux, plus tard un saint prêtre et un saint missionnaire. Aidez-moi à remercier Dieu de ne pas m'avoir soumis, après mon arrivée ici, aux épreuves intérieures qui souvent font quitter la maison, comme cela est arrivé récemment à un jeune homme. Dieu s'est contenté de quelques jours de souffrances que j'éprouvai à Laval; qu'il en soit mille fois béni, ainsi que Marie Immaculée. »

Tels étaient ses sentiments quinze jours après son entrée au noviciat. Dieu parut vouloir récompenser ces premiers élans de ferveur en lui accordant la consolation que sa piété filiale ambitionnait le plus. Une lettre de monsieur l'abbé Huard, son directeur au grand séminaire, lui apprit qu'une mission venait d'avoir lieu à Montsurs, et que son père l'avait gagnée. Son bon cœur était par là soulagé d'un grand poids. Aussi comme sa joie fut vive et sa reconnaissance expressive !

Trois mois plus tard il fait encore part à son oncle de ses impressions. Son bonheur des premiers jours n'a fait que s'affermir. « Il y a trois mois que j'ai quitté Laval. Le temps pour moi passe bien vite. Il me semble que j'ai toujours vécu au noviciat. Mais aussi nous y sommes si bien ! et puis cette vie de communauté me plaît tant ! Que l'on connaît peu dans le monde la paix et le bonheur que l'on goûte dans la vie religieuse ! Je m'applaudis de plus en plus de l'avoir embrassée, et je bénis Dieu de m'avoir ouvert les yeux et attiré à lui dans cette chère solitude. Cette vie, qui semble pénible, envisagée de loin, devient, une fois qu'on y est fixé, la source des plus douces jouissances.

« Aidez-moi donc à remercier Notre-Seigneur et sa sainte Mère de m'avoir donné une si belle vocation, malgré mon indignité, et d'avoir permis que les épreuves du commencement ne fussent pas excessives. Le bon Maître s'est contenté de m'envoyer quelques jours de souffrances ; puis le calme est venu. Qu'il en soit béni mille fois ! »

Avant d'entrer au noviciat il était sujet à de fréquentes et fortes migraines. Cette misère ayant disparu, il l'attribue sans hésiter à la protection de la Sainte Vierge qui est pour lui, dit-il, « comme une bonne maman et qui le traite en enfant gâté. » — « Il est dans son élément. » — C'est sa constante réponse aux demandes qui lui viennent, ou du Maître des novices, ou des membres de sa famille. Son plus grand chagrin serait d'être obligé de quitter sa Congrégation bien-aimée. « Cela, je l'espère, n'arrivera jamais. »

Novice de trois mois, il est déjà profès par le cœur, par toutes les aspirations de son âme ; et il attend avec impatience le jour de l'Oblation, qui sera le jour de sa plus grande joie en ce monde.

« Oblat de Marie Immaculée, s'écrie-t-il, que ce nom est doux à mes lèvres, doux à mon cœur ! Comme je voudrais avoir fait à Dieu le sacrifice de tout moi-même et pour toujours ! »

A mesure qu'approche cette grande époque, ses désirs deviennent plus ardents. Le 27 mai 1864, il écrit à sa sœur Hortense, religieuse de Ruillé-sur-Loir, et de son nom de religion, sœur Zélie.

« .... Bientôt il faudra quitter ce petit paradis terrestre. Mais on ne peut pas toujours rester au noviciat. Il y a des âmes à sauver, et il ne faut pas seulement penser à soi. Aujourd'hui, ma chère Hortense, je viens te recommander une affaire bien importante et qui va peut-être se décider dans le courant du mois de juin. C'est celle de ma profession. J'ai déjà bientôt dix-sept mois de noviciat. Dans deux mois et demi j'aurai l'âge d'être ordonné sous-diacre. J'espère que mon oblation précèdera mon sous-diaconat. Notre Très Révérend Père Supérieur Général, qui est venu passer ici une douzaine de jours, au commencement du mois, m'a fait entendre que je pourrai bientôt me consacrer à Dieu tout entier et devenir enfin l'heureux Oblat de Marie Immaculée. J'ai donc confiance que mes vœux vont enfin s'accomplir ; mais prie bien pour moi afin que Dieu m'accorde les grâces qui me sont nécessaires pour me bien préparer à une action si importante. Demande-lui pour moi la persévérance, la ferveur, le détachement de tout ici-bas, afin qu'au jour de mon oblation je meure réellement au monde et à moi-même, pour ne plus vivre que pour Dieu et Marie notre bonne Mère. »

CHAPITRE QUATRIÈME

L'Oblation.

Enfin le grand jour arrive. C'est le 21 juin 1864, fête de saint Louis de Gonzague, patron du Noviciat. « Ce jour-là, écrit-il à son oncle, j'ai eu le bonheur de faire cette oblation après laquelle je soupirais depuis si longtemps. Mes désirs sont réalisés, je suis à Dieu et à Marie pour toujours. Les liens qui me retenaient au monde sont rompus, car j'ai fait mes vœux de pauvreté, de chasteté et d'obéissance perpétuels. Dieu m'a enlacé de ses douces chaînes : je ne suis plus à moi, je suis tout à Lui, je suis tout à Marie, notre bonne Mère qui, malgré mon indignité, a daigné me choisir de préférence à tant d'autres pour être son Oblat.

« Je porte maintenant la Croix comme nos Pères. Cette Croix bien-aimée, avec mon livre de Règles et le scapulaire blanc, signe de ma consécration à la Reine des Vierges, est désormais mon seul trésor ici-bas, et je m'estime plus riche et plus heureux que tous les grands et tous les princes de la terre. O mon cher oncle, aidez-moi à remercier Dieu de toutes les bontés dont Il m'accable, et demandez-Lui que, toute ma vie, je sois un saint religieux, un saint Oblat.

« Je finis, mon cher Oncle, en vous remerciant vous-même de ce que vous avez fait pour moi. Si jamais, dans ma vie de Missionnaire Oblat de Marie Immaculée, je fais quelque bien, vous y aurez une bonne part ; car, après Dieu, c'est à vous que je suis redevable d'être arrivé au point où j'en suis. Soyez-en donc mille fois remercié ! »

La reconnaissance est prolixe de son naturel, elle aime à se répéter. Cette répétition est à la fois une douce satisfaction pour le cœur qui remercie, et un charmant hommage adressé à l'auteur du bienfait. La joie et l'allégresse ne peuvent se lasser de chanter leurs cantiques.

Notre nouvel Oblat devait à son oncle la première expression de ses généreux sentiments, mais cette première confidence ne lui suffit pas. Il s'adresse à sa sœur qui était religieuse, et mieux en état de sentir et de goûter ce qu'il éprouve après sa profession.

« Il faut que je te dise le bonheur que je ressens de nous voir tous les deux consacrés au Seigneur par des vœux perpétuels ; grâce ineffable dont nous ne saurons jamais nous montrer trop reconnaissants. Oui, remercions Dieu qui a toujours été si bon pour nous, qui a pris de nous un soin si particulier, qui a veillé sur nous comme une mère sur ses enfants.

« Le monde pourra bien nous traiter d'insensés de nous enchaîner ainsi par des promesses irrévocables. Il ne sait pas, l'aveugle, que ce ne sont pas des entraves mais des ailes, et que l'élan de l'âme, loin d'en être ralenti, en reçoit, au contraire, une merveilleuse vigueur qui accélère sa marche vers le ciel, tandis que la prétendue sagesse du monde et sa liberté sans frein mènent aux brasiers éternels de l'enfer. »

Maintenant qu'il est Oblat, le Frère Légeard se sent plus étroitement obligé, éprouve plus que jamais le besoin de devenir un saint. — « Tu me souhaites, écrit-il à sa sœur, la santé, la science et la sainteté, trois choses indispensables au missionnaire Oblat. Demande pour moi, par-dessus tout, la sainteté, c'est le principal. »

C'est à quoi il va continuer de travailler au Scolasticat, dans notre maison du Sacré-Cœur où il se rendit en quittant Notre-Dame de l'Osier. Il ne songe qu'à cette grande affaire, et il s'étonne d'en être encore si éloigné après toutes les grâces que Dieu lui a accordées par le maternel intermédiaire de Marie.

CHAPITRE CINQUIÈME

Le Père Légeard au Scolasticat.

Les vrais amis de Dieu se trouvent bien partout. L'esprit de foi qui les anime leur fait découvrir, dans tous les lieux où les mène l'obéissance, de nouveaux éléments de paix et de sainteté.

Notre-Dame de l'Osier venait d'offrir au Père Légeard d'inexprimables charmes, avec la fervente régularité du noviciat et la solennité souvent renouvelée de l'Oblation; avec son sanctuaire plein de miracles et la présence, on pourrait dire réelle, de la sainte Vierge; avec la splendeur de ses fêtes et l'affluence des pèlerins, qui en font l'un des endroits privilégiés de la terre; sans parler de la beauté du site et du calme précieux dont on y jouit.

Le pieux novice avait pu s'y croire dans un paradis terrestre et redouter la fin de ce délicieux séjour. Dieu lui réservait à Autun des compensations telles que son cœur pouvait les souhaiter. Lui si dévot au Cœur de Jésus et à la Bienheureuse Marguerite-Marie, n'allait-il pas voir une nouvelle faveur du ciel dans la joie d'être appelé à habiter une maison dédiée au Sacré-Cœur, et dans le voisinage de Paray-le-Monial? Telle fut bien en effet son impression dès son arrivée au scolasticat.

Sa dévotion au Sacré-Cœur reçoit de ces circonstances locales une vigueur dont ses lettres nous donnent le témoignage le plus explicite. Il y revient sans cesse et la recommande de toutes ses forces.

« Il est question en ce moment, dit-il à sa sœur, de la béatification de la Vénérable Marguerite-Marie. Je te recommande d'avoir une grande dévotion pour cette Bienheureuse et de la remercier avec moi de plusieurs grâces qu'elle m'a obtenues. Je ne doute pas que tu ne reçoives par son intercession un amour plus grand pour le Cœur adorable de Notre-Seigneur et pour la sainte Eucharistie. Partout où Notre-Seigneur entre, il apporte avec lui ce qu'il est venu chercher parmi les hommes, la souffrance. J'ai la tête un peu fatiguée, mais je ne m'en épouvante pas, ce n'est pas nouveau pour moi. »

Non, notre cher scolastique n'a peur que d'une chose, d'être lâche à accomplir la volonté de Dieu, ou peu attentif à veiller sur son pauvre cœur pour le conserver à Celui qui a bien voulu le recevoir et se donner à lui en retour.

« Maintenant, je l'espère, continue-t-il avec sa sœur, nous ne craindrons plus les afflictions que Dieu pourrait nous envoyer. J'ose demander au bon Maître pour toi, d'abord sans doute une profonde humilité, une pureté angélique, un amour ardent pour le Cœur de Jésus ; mais aussi quelques petites épreuves de temps en temps, afin que te détachant chaque jour un peu plus des créatures, tu te livres entièrement à Notre-Seigneur. »

Puis craignant d'avoir troublé sa sœur par ce souhait de souffrances, il ajoute pour l'encourager : « Obtiens-moi toutes ces choses et je te vouerai une éternelle reconnaissance. »

« Du reste, on ne souffre pas quand on aime véritablement le Cœur de Jésus, car il change les plus grandes amertumes en douceur et fait goûter la joie au milieu des peines et des humiliations. »

Nous avons là l'explication des grandes souffrances dont Dieu a rempli la vie du cher Père Légeard, et aussi de la grande efficacité de son ministère parmi les pauvres sauvages : c'est l'amour du Sacré-Cœur, et le constant besoin de conformer ses sentiments à ceux de ce Cœur adorable, selon le mot de saint Paul : *Hoc sentite in vobis quod et in Christo Jesu* (I Cor., x, 20).

« A la grâce de Dieu, écrit-il encore, notre vie désormais ne doit plus être qu'une vie de sacrifices. Pour faire du bien aux âmes, pour procurer la gloire de Dieu, il faut souffrir, il faut s'immoler. Que Notre-Seigneur veuille bien m'accepter comme la victime de son amour, victime prête à recevoir tous les coups de sa grâce, selon qu'il le jugera bon pour les intérêts de sa gloire et le salut des pauvres âmes. »

Dieu a entendu sa prière, car sa vie n'a été qu'une vie de sacrifices, d'immolation, de dévoûment aux pauvres sauvages. Pour eux, à l'exemple du bon Pasteur, il a voué son existence à la peine, aux travaux, à la douleur sous toutes les formes. Pour eux, il est mort au poste que lui avait confié l'obéissance, et que pour tout au monde il n'aurait pas échangé contre la position la plus agréable ou le ministère le plus facile en France.

Mais n'anticipons pas.

Au point de sa vie où nous sommes arrivés, nous voyons le Fr. Légeard à la veille de recevoir le sous-diaconat dans notre maison du Sacré-Cœur. Ce fut aux Quatre-Temps du Carême, le 11 mars 1865, que la face contre terre, et le cœur tout embrasé d'amour, il renouvela la consécration qu'il avait déjà faite de lui-même à Dieu par son Oblation. Il eut la joie de remplir pour la première fois la fonction de cet Ordre à la messe solennelle du Jeudi-Saint. « N'ai-je pas été heureux, dit-il à sa sœur, de commencer en ce jour où Notre-Seigneur a institué la Sainte Eucharistie et fondé le Sacerdoce? J'ai eu le même bonheur dimanche, jour de Pâques, et aujourd'hui, mardi, au monastère de la Visitation, où se célèbre un Triduum pour le second anniversaire séculaire de la canonisation de saint François de Sales, et pour la béatification de la Bienheureuse Marguerite-Marie.

« Je te recommande, ajoute-t-il, d'avoir une grande dévotion à cette Bienheureuse afin de la remercier de plusieurs grâces qu'elle m'a obtenues, et aussi pour qu'elle m'obtienne un amour de plus en plus grand pour le Cœur adorable de Notre-Seigneur et pour la Sainte Eucharistie. »

On le voit, notre fervent scolastique ne manquait aucune occasion de manifester sa piété profonde pour le Cœur de

Jésus et pour la Bienheureuse de Paray-le-Monial. Il en faisait le fondement de sa propre perfection ; il y puisait ses meilleures inspirations pour stimuler la perfection d'autrui, et il en recevait un don de persuasion et une maturité de jugement bien rares dans un jeune homme de vingt et un ans. Nous en avons la preuve dans ses lettres à sa sœur.

« Tu souffres de ne pas réussir, lui dit-il ; pourquoi tant t'inquiéter d'une chose qui ne dépend pas de toi ? Est-ce que Notre-Seigneur, au jour du jugement, te demandera si tu as réussi ou non ? Je ne le pense pas. C'est une dure épreuve qu'il t'envoie ; mais je n'y vois qu'une preuve de son amour pour toi, puisque ordinairement il éprouve le plus les âmes qui lui sont chères. Il veut sans doute aussi par là te détacher de ce monde qui, peut-être, aurait pour toi des charmes si tu venais à réussir ; il t'envoie ces épreuves afin que, ne trouvant aucune consolation du côté des créatures, tu te tournes entièrement vers lui, et que lui seul soit l'unique objet de ton amour. Va donc chercher la force et le courage dans le Cœur adorable de Jésus. Il a tant souffert pour nous témoigner son amour ; ne voudrions-nous rien souffrir à notre tour pour lui montrer que nous l'aimons aussi, ou que du moins nous voulons l'aimer ? »

Un autre jour il donne à sa sœur cette excellente direction :

« J'aime à penser que tu es tout habituée dans ta nouvelle communauté. S'il t'en a coûté de quitter la précédente, ce sacrifice ne sera pas perdu auprès de Dieu. Il est bon et utile que l'on soit ainsi changé de temps en temps. C'est l'un des avantages de notre sainte vocation. Par notre profession religieuse nous avons renoncé à la terre. Mais, hélas ! notre pauvre nature tend sans cesse à se rattacher au monde et aux créatures. Si l'on nous laissait toujours dans le même endroit, notre misérable cœur s'y affectionnerait trop, et notre amour pour Dieu en serait affaibli. Quand, au contraire, on est de temps en temps envoyé d'un lieu à un autre, on s'attache à Dieu seul qu'on est sûr de trouver partout, et l'on se déprend de cette terre et de ces créatures que, tôt ou tard, il nous faudra bien quitter. Courage donc, jette-toi souvent aux pieds de Notre-Seigneur et confie tes peines à son divin Cœur que tu as choisi pour ton Époux. Ne crois pas qu'il t'abandonne, il t'aime trop pour cela. Prie-le bien pour moi. C'est dans ce Cœur adorable et dans celui de notre bonne Mère que tous les jours nous devons nous retrouver. »

Il aimait à répandre les pieuses industries qu'inspirait alors le culte du Sacré-Cœur.

« Je t'envoie, écrivait-il à sa sœur le 18 novembre 1864, un petit billet d'une nouvelle association en l'honneur du Sacré-Cœur (la Garde d'Honneur). Je te recommande beaucoup cette dévotion, car s'il est du devoir de quelqu'un de réparer l'abandon dans lequel on laisse notre divin Sauveur, il me semble que cela est surtout obligatoire pour nous, religieux, que Dieu a tant aimés en nous appelant à Lui. Plus ce bon Maître nous a aimés, plus à notre tour nous devons nous montrer reconnaissants et faire tous nos efforts pour consoler son Cœur affligé de tant d'ingratitudes et d'oublis. Tâche de faire connaître cette association, et si tu désires d'autres billets, j'espère que je pourrai t'en envoyer. »

Au mois de janvier suivant, il envoie à sa sœur un paquet de billets de la Garde d'Honneur, et le 17 avril 1865, il lui écrit :

« Je ne pourrai pas t'écrire d'ici aux vacances, parce qu'ici les études sont très sérieuses et que j'ai de l'ouvrage autant et presque plus que je n'en puis faire. Je prierai pour toi en retour, surtout quand j'aurai le bonheur d'assister le prêtre au saint autel. De plus, nous pourrons, durant le beau mois de mai, nous retrouver tous les jours et à chaque instant dans le cœur de notre bonne Mère qui nous aime tant. Puis, le mois suivant, le Cœur adorable de notre divin Maître nous trouvera encore réunis pour l'aimer et le glorifier. Oh ! ma chère sœur, prie bien pour moi pendant ces jours de bénédictions. Demande à ce Cœur adorable ce que tu me souhaitais à l'époque du nouvel an : la santé, la science, la sainteté, surtout la sainteté. »

Tels sont bien en effet les trois éléments indispensables à l'homme apostolique. Le Frère Légeard en sentait vivement le besoin. Il y revient dans toutes ses lettres. Nous avons vu qu'au noviciat Dieu l'avait délivré des migraines dont il souffrait tant à Laval. Cette amélioration se maintint au scolasticat. « Je me porte toujours bien, disait-il à sa sœur; les études ne m'ont pas trop fatigué. Demande à Notre-Seigneur et à Marie notre bonne Mère, de vouloir bien me donner une santé plus forte encore, si telle est cependant leur sainte volonté. Car elle m'est absolument nécessaire pour continuer mes études. Je crains que ma pauvre tête ne vienne encore à se fatiguer. »

Cette crainte ne se réalisa pas. Les migraines ne reparurent pas à Autun, malgré la constante contention d'un esprit qui avait moins de facilité que de sens et de jugement, et à qui, pour se tenir au courant, s'imposaient un travail ardu et de grands efforts. Ces efforts, il s'y soumit volontiers pour acquérir la science dont les lèvres du prêtre doivent être dépositaires, et sans laquelle un missionnaire ne saurait être la « lumière du monde ». Chez lui l'étude ne se séparait pas de la piété. Il en faisait déjà une œuvre de zèle. La gloire de Dieu et le salut des âmes en étaient le grand et noble but. A ses yeux, étudier sa théologie, compléter sa formation religieuse et se pénétrer de l'esprit de Dieu, c'était être déjà missionnaire; c'était accomplir pleinement la volonté de Dieu pour le présent, et fonder un avenir dont le ciel seul pouvait prévoir les glorieuses conquêtes et la sainteté.

La sainteté! voilà surtout le mot qui résumait ses plus ardentes aspirations. Novice et scolastique, il était entré dans cette disposition du Roi-prophète : « J'ai ouvert ma bouche et mon cœur et j'ai aspiré l'Esprit de sainteté (1). » Sa profonde humilité, jointe à la connaissance qu'il avait de lui-même, le persuadait que seul, et avec ses moyens humains, fussent-ils cent fois plus grands, il serait l'impuissance même sur le théâtre de l'apostolat. Mais il était bien convaincu que si Dieu prenait possession de lui, et s'il devenait un saint, il

(1) Os meum aperui et attraxi spiritum. (Ps., CXVIII, CXX.)

verrait son impuissance se convertir en force, et la bonté divine opérer en lui et par lui des merveilles de grâce, conformément à cette loi dont tous les saints ont expérimenté la vertu après saint Paul : « Dieu peut répandre sur vous abondamment toutes sortes de grâces, afin qu'en toutes choses, étant pourvus de secours suffisants, vous soyez plus aptes à toute sorte de bien (1). »

Par là s'explique la tendresse de sa dévotion au Cœur de Jésus et de sa confiance en la très sainte Vierge. Il obéissait au mouvement surnaturel qui conduit une âme à abriter sa faiblesse sous la toute-puissance d'en haut, et à dire, comme l'Apôtre : *Je puis tout en Celui qui me fortifie* (2). La piété pénétrait tout son intérieur, et de là, comme de son foyer, elle répandait sa lumière et sa chaleur dans tous les actes de sa vie. C'est de là qu'il tirait sa sainte énergie dans les sacrifices et les épreuves, et cette sagesse vraiment remarquable que nous lui connaissons déjà en matière soit de résolutions à prendre, soit de conseils à donner. Cette piété était comme la température de son âme, température toujours élevée, qui imprimait une grande vigueur à sa vertu et promettait de belles moissons dans l'avenir. C'est principalement à ce point de vue que la vie du P. Légeard nous paraît bonne à publier et que nous osons en attendre de grands fruits d'édification.

Cependant, une fois sous-diacre, il avait tourné ses regards vers le degré qui le séparait du sacerdoce, et il s'était préoccupé des dispositions qu'il convenait d'y apporter. « Prie bien pour moi, disait-il à sa sœur, afin que je me prépare de mon mieux à recevoir le Diaconat. Ce sera pour Noël. Ainsi donc dans quelques mois je pourrai porter Notre-Seigneur entre mes mains. Je ne pourrai pas encore offrir l'adorable sacrifice de nos autels; mais déjà il me sera permis d'exposer

(1) Potens est autem Deus omnem gratiam abundare facere in vobis, ut in omnibus semper omnem sufficientiam habentes, abundetis in omne opus bonum. (II Cor., IX, 8.)

(2) Omnia possum in eo qui me confortat. (Phil. IV, 13.)

le Saint Sacrement, de sortir le Saint Ciboire du tabernacle, etc. Demande bien à Dieu que je ne sois pas trop indigne de ces augustes fonctions. »

La grâce du Diaconat lui vint plus tôt qu'il ne l'espérait. Elle lui fut accordée le dimanche du saint Rosaire, 1er octobre 1865, dans notre chapelle du Sacré-Cœur. C'était un pas de plus vers le Tabernacle. A mesure qu'il s'en approchait et que ses rapports avec l'Eucharistie se faisaient plus intimes, son bonheur devenait plus grand et sa soif de perfection plus ardente. « Maintenant, disait-il, il m'est permis d'assister plus immédiatement le prêtre à l'autel, et à certains moments, de serrer, pour ainsi dire, sur mon cœur notre bon et adorable Maître. Oh! comme je me sens misérable! Et comme j'ai besoin de devenir saint! »

CHAPITRE SIXIÈME

Le Père Légeard au Juniorat de N. D. de Lumières. Sacerdoce. — Désir des Missions étrangères.

Immédiatement après le diaconat, ayant terminé son cours de théologie, le Frère Légeard fut envoyé à Notre-Dame de Lumières. En lui donnant son obédience, notre T. R. Père Général l'assura qu'il serait appelé, dans quelques années, à travailler dans les missions étrangères. Consolé par cette promesse, il quitta Autun, le 2 octobre au soir, se rendant au juniorat, heureux de travailler à une œuvre de si grande importance pour le recrutement de la Congrégation.

La communauté et le juniorat de Lumières étaient alors confiés à la grande expérience et à la sollicitude paternelle du R. P. Pierre Aubert. Une cruelle maladie avait depuis peu forcé ce bon Père de quitter le Canada, après s'y être dépensé durant vingt et un ans, avec un dévouement et une sagesse que la Congrégation allait bientôt honorer par la dignité d'Assistant Général. Sous sa direction, trois professeurs donnaient l'enseignement des hautes classes : c'étaient, avec le Frère Légeard, le Père Lemoine, de douce et sainte mémoire, et le Père Besson.

« Je fais trois heures et demie de classe par jour, écrivait le nouveau diacre à son oncle, le 13 mars 1866. Le juniorat n'est ni un collège ni même un petit séminaire ; c'est une maison de la Congrégation où les jeunes gens qui désirent se faire Oblats achèvent leurs études pour aller ensuite au Noviciat. Tout en leur faisant apprendre le latin, on les forme à la piété, on les pénètre de l'esprit religieux, on leur fait faire une sorte de premier noviciat. Bien que je n'eusse pas beaucoup de goût pour être professeur, je suis très content de me dévouer pour ces chers enfants qui sont bien pieux, et qui tous, je l'espère, auront le bonheur de devenir un jour des Oblats de Marie Immaculée. »

Ce ministère d'enseignement, nouveau pour lui, obligea le Frère Légeard à de sérieuses études. Il avait trop de zèle et de conscience pour accepter d'être au-dessous de son mandat, et de ne pas apporter à ses classes une préparation convenable. Dieu l'encouragea d'ailleurs dans sa santé. « Je me porte très bien, écrivait-il. Je souhaite que cela continue. »

Sa dévotion au Sacré-Cœur se fit jour à Lumières comme à Autun. Il propagea la Garde d'honneur parmi les junioristes, et profita de toute occasion pour affermir le règne de Notre-Seigneur sur ces chers enfants. Dieu lui accorda en retour la consolation de voir s'épanouir des vocations qui, aujourd'hui, servent glorieusement l'Église et honorent la Congrégation dans les deux hémisphères.

Cependant, depuis son arrivée à Lumières, il vivait dans l'attente du sacerdoce. Son regard ne se détachait pas de ce terme bienheureux. Personne mieux que lui n'obéissait à la recommandation de saint Paul : *Poursuivez d'une noble am-*

bition des vertus plus hautes et des dons meilleurs (1). Mais si son désir d'être prêtre était vif, nul ne sentait mieux son indignité pour une telle grâce, et le besoin d'une particulière assistance d'en-haut. Aussi demandait-il sans cesse des prières pour suppléer à sa propre insuffisance.

« Je te promets, disait-il à sa sœur, le 28 août 1866, de ne pas t'oublier au saint autel quand j'aurai le bonheur d'y monter : mais il faut que tu intéresses pour moi le ciel et la terre afin que je sois un saint prêtre. »

On avait demandé pour lui une dispense d'âge, car il n'avait que vingt-trois ans. Aussitôt que la dispense fut arrivée, on le manda à Autun. Il partit de Lumières le 11 septembre et arriva au scolasticat le 12. Sa retraite préparatoire, commencée le 15, le conduisit à l'ordination qui eut lieu le samedi 22, dans la chapelle de l'Évêché. Le lendemain, il célébra sa première Messe et donna la sainte Communion à ses frères. Trois jours après, il rentrait à Notre-Dame de Lumières et y reprenait ses fonctions de professeur. C'est alors que, revenu à la calme appréciation des faveurs immenses dont Dieu venait de le combler, il écrivait à l'une de ses tantes :

« J'ai enfin le bonheur d'être prêtre ! Tous les jours, maintenant, je puis monter au saint autel pour offrir à Dieu l'adorable victime de notre salut. Me voilà donc au terme de mes désirs. Le Sacerdoce ! il me semblait ne devoir jamais y arriver, et maintenant encore je me demande : Est-il bien vrai que je sois prêtre ! — Oui, je le suis enfin. Oh ! ma chère tante, aidez-moi à remercier Notre-Seigneur et Marie, notre bonne Mère, d'avoir bien voulu ajouter cette grâce à toutes celles qu'ils avaient daigné me prodiguer jusque-là. Oui, je suis prêtre, et tous les jours désormais, oui, tous les jours de ma vie, j'aurai le bonheur de me nourrir du corps et du sang adorables de Notre-Seigneur. »

Si profond cependant que fût alors le sentiment de son bonheur, il ne se laissait pas détourner du ministère qu'ambition-

(1) Æmulamini charismata meliora. (I Cor., XII, 31.)

nait son zèle : les Missions étrangères. Comme les jeunes oiseaux, à qui les ailes ont poussé, sont impatients de s'élancer dans les plaines de l'air, ainsi notre nouveau prêtre attendait que ses supérieurs lui ouvrissent la noble carrière de l'apostolat lointain. Mais sa généreuse impatience était tempérée par l'obéissance religieuse et par l'humble sentiment de son insuffisance.

« J'ai repris mes fonctions de professeur, écrivait-il, en attendant le jour où mes Supérieurs m'enverront dans les missions. Quand sera-ce? Je l'ignore encore; mais j'espère bien qu'il me sera donné, dans quelques années au moins, de partir pour les missions lointaines où il y a tant de pauvres âmes qui manquent de prêtres et qui en ont un si grand besoin. En tout cas, je suis tranquille et sans aucune préoccupation. Notre T. R. Père Général connaît mon désir, il m'a même promis de le satisfaire, il le fera quand il le jugera à propos. La volonté de Dieu avant tout. J'ai d'ailleurs tant de choses à apprendre pour exercer convenablement ce grand et saint ministère. Il faut au missionnaire la sainteté, et la sainteté surtout, mais il lui faut aussi la science. Oh ! avec ces deux dons précieux, il peut aller sans crainte se dévouer au salut des âmes. »

On le voit, l'imagination ne gouvernait pas le Père Légeard, il n'obéissait qu'à sa conscience et au bon sens. Sage et réfléchi jusque dans ses aspirations les plus ardentes, il comprenait à merveille qu'un missionnaire serait trop au-dessous de sa tâche, s'il n'y apportait que du zèle et de l'enthousiasme, sans les vertus solides et les connaissances variées qu'on s'attend toujours à trouver dans un homme apostolique. Aussi s'efforçait-il de donner pour fondement à son ministère futur, les plus sérieuses études et le soin assidu de sa perfection.

On le voyait toujours avare de son temps et attentif à écarter les lectures peu utiles ou frivoles. Sa piété, simple et aimable, se traduisait par une modestie charmante, et par une tenue aussi exempte d'affectation que de sévérité ; vrai type de l'homme de communauté, aussi bon et condescendant pour ses frères, que fervent envers Dieu, et soigneux des moindres pratiques de la vie régulière. C'est bien de lui qu'on pouvait dire qu'il répandait la bonne odeur de Jésus-Christ.

La vie de Notre-Dame de Lumières lui allait : il en sentait les avantages, tant au point de vue intellectuel que pour sa sanctification, et il pouvait écrire :

« Cette vie est bien un peu monotone; cependant, je l'aime et je suis toujours heureux d'être ici. »

Les chaleurs de l'été de 1867 réveillèrent ses anciennes douleurs de tête. Sa grande application au travail y était bien aussi pour quelque chose. Il s'en ouvrit à sa sœur le 14 juillet ; mais, ayant bientôt appris que celle-ci l'avait représenté comme malade auprès de plusieurs membres de sa famille, il s'empressa de détruire cette impression. — « Ce que j'éprouvais alors, écrit-il le 18 août, n'était qu'une fatigue occasionnée par le travail et la chaleur. Aujourd'hui, je suis beaucoup mieux, sans être complètement remis. J'espère que le repos des vacances et l'adoucissement de la température vont me guérir complètement. »

Cette correspondance entre le frère et la sœur était inspirée par le sens surnaturel le plus pur. Hortense ouvrait son âme à Prosper avec le plus aimable abandon, et Prosper répondait à cette confiance avec une sagesse et une franchise dont sa sœur dut retirer de grands fruits. Il est beau de voir ces deux âmes, que Dieu s'était attachées, travailler à leur mutuelle sanctification et user des plus pieuses industries pour se perfectionner dans l'esprit de leur état.

« Je te remercie, disait Prosper à Hortense, des deux bonnes pensées que tu m'as envoyées pour tes étrennes ; je t'en envoie à mon tour quelques-unes que j'ai extraites de divers livres de piété. Continue à me faire part de celles qui te frapperont. Les gens du monde se communiquent ce qu'ils ont vu de beau et d'intéressant, pourquoi ne nous communiquerions-nous pas les saintes pensées qui peuvent nous porter à Dieu et nous exciter à l'aimer davantage? »

Et, un peu plus tard, il ajoutait :

« Puisque les quelques pensées que je t'ai envoyées t'ont

fait plaisir, en voici quelques autres, toutes extraites, excepté une, de la vie ou des œuvres de la B. Marguerite-Marie :

— « Vouloir aimer Dieu sans souffrir, ce n'est qu'une illusion ; mais aussi, je ne puis comprendre qu'on dise que l'on souffre quand on aime véritablement le Sacré-Cœur de Jésus, puisqu'Il change toutes les plus grandes amertumes en douceurs, et fait goûter les délices au milieu des peines et des humiliations.

— « Sans la croix et le Très-Saint-Sacrement, je ne pourrais pas vivre ni supporter la longueur de mon exil dans cette vallée de larmes.

— « Mon Dieu, si nous savions ce que nous perdons en ne profitant pas des occasions de souffrance, nous serions bien plus attentifs à profiter de celles qui se présentent. Il ne faut pas nous flatter : Si nous ne sommes pas fidèles dans les occasions de peines, d'humiliations et de contradictions, nous perdrons les bonnes grâces de Notre-Seigneur, qui veut que nous aimions et tenions pour nos meilleurs amis et bienfaiteurs tous ceux qui nous font souffrir ou qui nous en fournissent l'occasion. » (B. Marguerite-Marie.)

— « Ayez pour Père Celui qui peut et qui veut vous décharger de vos péchés ; pour mère, la componction, dont le propre est de laver les taches de votre âme ; pour frère, quiconque vous instruira de la route du ciel ; pour épouse, la pensée continuelle de la mort ; pour enfants, les gémissements du cœur ; pour esclave, votre corps ; pour amis, les saints anges qui vous recevront au sortir de cette vie : telle est la famille de ceux qui cherchent le Seigneur. » (S. Jean Climaque).

Ce choix de pensées atteste le sérieux caractère des lectures du P. Légeard. Absolument voué aux choses de Dieu par goût et par sa profession religieuse, il était du petit nombre de ces amis intimes de Jésus, soigneux à écarter tous les livres qui ne leur parlent pas de cet unique objet de leur amour. Il goûtait délicieusement les choses du ciel et n'avait que de l'indifférence pour celles de la terre.

C'est vers cette époque, au commencement de l'été de 1867, qu'arrivèrent au juniorat, pour y faire leurs études, trois petits Indiens amenés de Ceylan par Mgr Séméria ; tous les trois, païens convertis, entretenus jusque-là par la Sainte-Enfance dans notre orphelinat de Jaffna.

« Ils commencent à parler le français, écrivait le P. Légeard à sa sœur. C'est moi qui, probablement, serai chargé de leur apprendre le français et le latin ; prie pour le professeur et les élèves. Outre ces trois Indiens, nous avons en ce moment, à Notre-Dame de Lumières, un petit Circassien, musulman encore il y a quelques mois. Il a été baptisé le IVe dimanche après Pâques, a fait sa première communion le lendemain, et a reçu la confirmation le vendredi suivant. Comme ce sont nos Pères de Marseille qui l'ont instruit et baptisé, on nous l'a envoyé ici un ou deux jours avant l'Ascension. Il a treize ans. »

CHAPITRE SEPTIÈME

Départ pour l'Amérique du Nord. Impressions de voyage.

C'est dans les saintes et laborieuses occupations du juniorat que le trouva l'obédience attendue depuis longtemps et à laquelle il se préparait avec tant d'ardeur. Cette obédience l'envoyait dans l'Amérique du Nord. Elle lui arriva le 22 août. Il s'empressa d'en informer son oncle de Chantrigné, devenu depuis peu curé de Grenoux, près Laval. Celui-ci transmit la nouvelle à toute la famille. Tout le monde, on le conçoit, fut ému et attristé à la pensée d'une séparation définitive ; mais il n'y eut de réclamation de la part de personne, l'oncle ayant défendu à tous les membres de cette famille si foncièrement chrétienne, de laisser parler trop haut les sentiments de la nature.

En transmettant à Hortense la lettre de son neveu, ce second père de notre Oblat lui écrivait ces mots si simples mais si grands, et si vraiment dignes d'un cœur de prêtre : « Tu sais ce dont il s'agit. Nous aurons le courage, toi de faire le sacrifice d'un frère chéri, et moi d'un neveu tendrement aimé. Mon pauvre Prosper va donc où Dieu le veut : sauver des âmes. »

Prosper quitta sans retard Notre-Dame de Lumières et vint à Paris pour y faire ses préparatifs de départ. On lui permit d'aller voir ses parents. Il fit une tournée rapide au Mans, à Laval, Grenoux, Mayenne, Chantrigné, Montsurs et Evron, d'où il regagna notre maison générale. Une consolation cependant lui manquait : il n'avait pu, dans ce voyage, se rencontrer avec Hortense, en religion Sœur Zélie. Il lui écrivit, le 9 septembre, pour l'invitor à venir le voir le surlendemain, jour fixé pour le départ de Paris. Elle vint, en effet, embrasser une dernière fois le missionnaire. Ce fut une entrevue touchante, vraiment digne de deux cœurs détachés de la terre et consacrés à Dieu. La plus pure sérénité éclaira et adoucit leur douloureux sacrifice. Ils se séparèrent en se donnant rendez-vous au ciel avec le même calme que s'il se fût agi d'une séparation de quelques jours.

Le P. Légeard s'éloigna de Paris le 11 septembre, à 11 heures du soir, et arriva au Hâvre le lendemain matin. Il avait pour compagnons de voyage les PP. Laity et de Krangué, désignés pour la Rivière Mackenzie, et le P. Decorby, destiné aux missions de Saint-Boniface. Cette petite troupe apostolique prit passage sur le beau navire *le Saint-Laurent*, et sortit du port du Hâvre dans la matinée du 13 septembre 1867. La traversée fut belle et rapide. En dix jours à peine, on arriva à New-York ; et, le 25, à 9 h. 1/2 du matin, nos voyageurs avaient la joie d'être reçus à bras ouverts par nos Pères de Montréal, et de célébrer la messe dans leur chapelle. Mais la maison se trouvant remplie par les Pères de la province réunis pour la retraite, et la place manquant pour les nouveaux venus, on les envoya les uns au Noviciat de Lachine, les autres à la résidence du Sault-Saint-Louis.

Revenus à Montréal le lundi suivant, ils partirent le lendemain, 1er octobre, pour le grand voyage du Nord-Ouest, sous la conduite de Mgr Taché qui était venu de France par l'Angleterre. Leur caravane s'était accrue du Frère scolastique Mac-Carthy, qui passait du collège d'Ottawa à celui de Saint-Boniface, et des Frères convers Doyle et Mulwihill qui avaient leur obédience pour Saint-Boniface.

Dans la journée du mercredi, ils longèrent le beau lac Ontario, passèrent à Toronto et arrivèrent le soir à Sarnia, extrémité du lac Huron, qu'ils traversèrent en bateau à vapeur. Ils entraient là dans les États-Unis. Ils virent successivement les grandes villes de Détroit et de Chicago, et arrivèrent le samedi à La Crosse sur les bords du Mississipi. C'est là qu'ils virent des sauvages pour la première fois. Un bateau à vapeur les conduisit à Saint-Paul en leur laissant le loisir d'admirer les belles rives du fleuve et les perspectives variées qui se déroulaient sous leurs yeux. « Mais hélas ! dit le P. Légeard, nous ne pûmes dire la Messe le dimanche, 6 octobre, fête du Saint-Rosaire. En revanche, le lendemain, nous eûmes le bonheur de célébrer dans la cathédrale de Saint-Paul. »

Ils allèrent de Saint-Paul à Saint-Cloud en chemin de fer. Là commençait pour eux la vie de caravane. Des hommes étaient venus de Saint-Boniface avec des charrettes, pour les conduire à travers les immenses prairies qui allaient désormais s'étendre devant eux jusqu'à destination. Voyager toute la journée, à pied le plus souvent ou en charrette, dresser la tente le soir, et s'y endormir d'un profond sommeil, après un frugal repas et la prière faite en commun, telle fut la vie de nos missionnaires à partir de Saint-Cloud. La monotonie de cette vie fut coupée par les incidents ordinaires à ces sortes de voyages dans le désert. Il fallut traverser de profondes rivières sans ponts, avec le péril d'y laisser les charrettes embourbées et d'y noyer les bœufs et les chevaux. On eut le spectacle imposant et terrible des incendies qui, souvent en automne, dévorent de vastes espaces de prairies et détruisent tout sur leur passage. La rapidité des flammes poussées par le vent et alimentées par les hautes herbes, la vue des animaux fuyant éperdus devant la menace d'une mort certaine, l'horizon chargé d'épais nuages de fumée et de lueurs sinistres : c'est un tableau que n'oublient jamais ceux qui en ont été témoins.

Le 16 octobre, on arriva sur les bords de la rivière Rouge. Le 18, on rencontra un campement de métis catholiques. Pendant que Monseigneur catéchisait et confessait ces pauvres gens, le P. Légeard baptisa une petite fille de 6 à 7 ans, à laquelle il donna le nom de Marie-Louise. C'était le premier baptême qu'il administrait, ce fut pour lui l'occasion d'une grande joie.

Le 23, on était à Pembina, village situé sur la frontière des États-Unis, et confié aux soins de nos Pères de Saint-Boniface, bien qu'appartenant au diocèse de Saint-Paul.

Le 24, la caravane entrait sur le territoire de Manitoba et dans le vicariat de la Rivière Rouge. Elle n'était plus qu'à deux journées de Saint-Boniface.

Le 25, nos voyageurs couchèrent au presbytère de Saint-Norbert, admirablement accueillis par l'excellent curé Ritchot, bien connu de tous ceux des nôtres qui ont vécu dans ce pays. Ils y trouvèrent les Pères Lestanc et Génin, accourus de Saint-Boniface pour souhaiter la bienvenue à leur Évêque et embrasser les Pères et Frères qu'il leur amenait d'Europe.

Le 26, eut lieu l'entrée solennelle à Saint-Boniface. Voici la description qu'en a faite Mgr Taché :

« Comme nous venions de Rome et que nous y avions été au nom du diocèse, le clergé et la population avaient préparé une entrée triomphale à leur Évêque.

« Soixante cavaliers vinrent à notre rencontre jusqu'à Saint-Norbert ; ils firent la haie de chaque côté des voitures tout le long du parcours, jusqu'à Saint-Boniface. Les volées des cloches, le retentissement du canon, les joyeux éclats de la fusillade dirent bientôt que nous approchions de la cathédrale. Le drapeau de l'honorable Compagnie de la Baie d'Hudson flottait au grand mât du fort Garry. Les batteries de la place avaient traversé la rivière Rouge et grondaien en face de l'Évêché. Un concours nombreux parlait encore plus à notre cœur que toutes les autres démonstrations.

« On nous invita à nous arrêter sous un arc de triomphe en verdure dressé devant la cathédrale. Un des magistrats nous lut une adresse au nom de toute la population. Après avoir remercié le peuple et ceux qui avaient organisé cette fête de famille, nous entrâmes à l'église pour y remercier Dieu de la protection qu'il nous avait accordée pendant notre voyage, pour le remercier des joies du retour, rendues plus vives par les délicates attentions dont nous étions l'objet de la part de nos missionnaires (1). »

Le Père Légeard fut vivement impressionné par cet accueil si plein de foi et de joyeux empressement. Il y vit un touchant hommage rendu par la reconnaissance de tout un peuple aux immenses services reçus de l'Évêque missionnaire, et cela lui donna une vue du grand rôle assigné par la Providence à nos Pères pour la prédication de l'Évangile et 'établissement de la civilisation chrétienne dans ces vastes régions du Nord-Ouest.

CHAPITRE HUITIÈME

Saint-Boniface. — Débuts d'apostolat.

Il avait été convenu que Mgr Taché occuperait notre missionnaire pendant l'hiver, jusqu'à l'arrivée de Mgr Grandin, que l'intérêt de ses missions retenait en France. En

(1) Missions, VII, 108.

conséquence, le Père Légeard prit ses quartiers d'hiver à l'Évêché, et se mit résolûment à l'étude de l'anglais et du cris, sous le regard encourageant de Monseigneur.

Déjà l'hiver était venu et s'annonçait rigoureux. Dès le surlendemain de l'arrivée, 28 octobre, la neige commençait à tomber. Le 2 novembre, on traversait sur la glace la rivière Assiniboine, et bientôt après, la rivière Rouge était assez solidement prise pour porter les plus lourdes voitures. C'était le signal d'une nouvelle vie pour notre missionnaire. Il ne s'en effrayait pas. Son cœur était trop fortement trempé pour s'émouvoir des rudes conditions de l'apostolat dans le Nord-Ouest américain. « Ce que d'autres supportent gaîment, se disait-il, ne le supporterai-je pas avec la grâce de Dieu ? » « L'étude des langues, écrivait-il à Hortense, n'offre rien de bien amusant, mais c'est pour le bon Dieu et les pauvres âmes qui m'attendent. Demande tous les jours à Notre-Seigneur d'allumer en moi l'amour de ces âmes abandonnées et de me donner promptement la connaissance de leur langage, afin que je puisse aller au plus tôt leur faire un peu de bien. » Et il ajoutait : « Accoutumé à vivre au sein de communautés nombreuses, je redoute d'être seul. C'est cependant ce qui va m'arriver dans quelques jours. Mais, à la grâce de Dieu ! Notre vie désormais ne doit plus être qu'une vie de sacrifices. Demande à Notre-Seigneur de se donner en moi une victime toute prête à être immolée, comme bon lui semblera, pour sa gloire et le salut des âmes. »

Ce qu'il prévoyait devoir lui arriver dans quelques jours, c'était son départ pour la mission de Saint-Joseph de Pembina. Il y fut, en effet, envoyé avec deux autres Pères et un Frère vers la mi-décembre. Saint-Joseph était à trente lieues de Saint-Boniface, sur la frontière des États-Unis, et à l'extrémité du diocèse de Saint-Paul. Il fallut trois jours pour s'y rendre ; une nuit, on dut camper à la belle étoile sur la neige. Le Père Légeard en fut quitte pour le bout du nez gelé. Sa santé, d'ailleurs, s'était fortifiée dans cette température âpre et pénétrante, mais saine, et il pouvait écrire à son oncle peu de temps après : « Je me porte très bien, mieux même qu'avant mon départ de France. »

Il alla célébrer la fête de Noël à Pembina, sur la rivière Rouge, à onze lieues de Saint-Joseph. Il y avait là une agglomération de 3 à 400 métis canadiens français, tous catholiques, pleins de foi, mais très ignorants, faute d'un prêtre résidant au milieu d'eux. Le P. Légeard étant revenu les visiter vers la fin de janvier, fut touché par le délaissement de ces pauvres gens et par la perspective du grand bien qu'il y avait à leur faire. Sans calculer avec ses répugnances pour l'isolement, n'écoutant que son zèle, et s'estimant redevable surtout envers les âmes les plus abandonnées, il demanda à prolonger son séjour au milieu de cette pauvre population et fut autorisé à y rester jusqu'après Pâques. Il n'alla plus dès lors que rarement à Saint-Joseph, pour visiter ses confrères et se confesser.

Son ministère à Pembina fut laborieux. Outre l'étude des langues, à laquelle il consacrait tous ses temps libres, il s'attacha à l'instruction chrétienne des enfants. Pembina n'avait pas d'école, les enfants grandissaient dans l'ignorance de la religion. Le Père se mit à leur faire le catéchisme chaque jour, puis, bientôt après, matin et soir, et souvent même trois fois par jour. Leur bonne volonté l'encourageait, et tous d'ailleurs comprenaient assez le français pour profiter de ses leçons.

Il remarquait que le dimanche il y avait aux offices plus d'hommes que de femmes. Ces braves gens récitaient le chapelet en famille ce jour-là et tous les jours du Carême, et ceux qui y manquaient s'en accusaient en confession.

Il y avait autour de Pembina beaucoup de sauvages de la tribu des Sauteux, infidèles pour la plupart. La vue de ces malheureux, rongés par les vices les plus abjects, remuait péniblement le cœur de notre missionnaire. « Ils sont bien mauvais, mais on pourrait les rendre meilleurs, » disait-il avec un profond regret de ne pouvoir personnellement les atteindre. « J'ai eu cependant, ajoute-t-il, le bonheur d'envoyer au ciel deux Sauteuses. La première, une enfant de deux ans, est morte un jour et demi après son baptême. La seconde, âgée, dit-on, de plus de cent ans, s'est éteinte quelques instants après avoir été baptisée. Il y a quelques années, les Sœurs grises de Saint-Boniface l'avaient recueillie chez elles pour essayer de l'instruire, mais elle avait déserté. Un de nos Pères, venu à Pembina, avait tenté à son tour de la convertir, mais ses enfants s'y étaient opposés. Cet hiver, ses enfants étant au loin, la vieille me fait demander un matin pour la baptiser. Je m'y rends, je la baptise, et peu d'instants après, sans agonie, sans secousse, elle sort de cette vie pour s'envoler au ciel. Il semble qu'elle n'attendait que le saint baptême pour mourir. »

Le P. Légeard vécut à Pembina comme les premiers Apôtres durant le cours de leurs missions, logeant tantôt dans une famille, et tantôt dans une autre, et partageant la pauvre nourriture de ces bons métis ; partout traité avec les égards les plus chrétiens et le plus louable désintéressement, et payant cette noble hospitalité par les services de son ministère et l'édification de sa sainte vie.

L'habitation où il résidait le plus souvent étant assez distante de la pauvre chapelle de Pembina, il disait la messe, confessait et baptisait dans la petite chambre qu'on lui avait préparée. « J'ai bien un peu souffert de l'isolement, dit-il, et de me trouver tous les jours au milieu des femmes et des enfants, sans avoir personne à qui dire mes peines, ou à qui demander conseil. Cependant, je suis très heureux d'avoir passé l'hiver dans cette mission, parce que je suis maintenant habitué aux mœurs, au langage, à la nourriture et aux coutumes du pays, avantage précieux que je n'aurais pas si je fusse demeuré dans l'une de nos maisons. »

C'est ainsi que ce cher Père savait s'accommoder des situations les moins commodes, et faire bon marché de ses convenances et de ses aises, du moment que les âmes étaient sauvées et que Dieu était content. Se renoncer sans cesse, se tenir dans un constant état d'immolation, et se faire tout à tous pour les gagner à Jésus-Christ, telle était, nous l'avons vu, sa maxime la plus aimée. Il s'y affermissait chaque jour, et Notre-Seigneur l'en récompensait en lui faisant goûter la saveur de cette belle parole de saint Paul : « Les amis de Dieu voient toutes choses tourner à leur consolation et à leur profit (1). »

Sa santé elle-même se trouvait à merveille de cette rude existence. « Je ne me suis jamais mieux porté, écrivait-il à son oncle. J'ai fait ici ce que je n'aurais jamais pu faire en France. Malgré mes catéchismes de tous les jours et autres fonctions du saint ministère, j'ai pu jeûner presque tout le Carême. Chanter la grand'messe le dimanche, à dix heures et demie, et prêcher n'était presque rien pour moi. J'ai pu même faire à cheval des courses d'une vingtaine de lieues dans une journée sans en être incommodé. Comme vous le voyez, mon cher oncle, Dieu me voulait dans ces missions. Il saura dès lors me donner les moyens de remplir les desseins qu'il a sur moi. Priez bien pour que je devienne un saint missionnaire et que je puisse sauver un grand nombre d'âmes. Hélas ! que nos paroles et nos travaux sont impuissants si Dieu ne les bénit ! Ne négligeons rien pour attirer sur nous et sur nos œuvres les bénédictions dont nous avons si grand besoin. »

On ne sera pas surpris que ces saintes dispositions lui eussent gagné le cœur des métis. Ces pauvres gens surent profiter de son séjour au milieu d'eux. Non seulement ils accomplirent tous le devoir pascal, mais quand ils virent approcher le jour de son départ, ils voulurent encore se confesser à lui et recevoir de sa main le Pain des forts.

Il était encore à Pembina lorsque Mgr Grandin, revenant d'Europe, y passa au commencement de juillet. Il dut partir pour Saint-Boniface le 5 de ce mois, non sans regretter vivement de quitter ses chers chrétiens qui, de leur côté, le pleuraient comme un père et le vénéraient comme un saint.

(1) Diligentibus Deum omnia cooperantur in bonum. (Rom., VIII, 28.)

CHAPITRE NEUVIÈME

Voyage de Saint-Boniface à l'Ile à la Crosse.

Le 11 juillet, la caravane de Mgr Grandin disait adieu à Saint-Boniface et se mettait en route pour le Nord-Ouest. Elle se composait de Monseigneur, de deux Pères Oblats, de deux prêtres séculiers, de deux Frères scolastiques, de sept Frères convers, et de huit hommes chargés du soin des animaux et des charrettes. Mgr Taché voulut l'accompagner durant deux jours. Quand il fallut se séparer de ce cher Prélat, « ce fut, dit le P. Légard, un sacrifice plus pénible pour moi que pour les autres nouvellement venus de France; car pendant tout le temps que j'avais passé à la Rivière-Rouge, Mgr Taché avait été un véritable père pour moi. »

Mgr Grandin nomma le P. Légeard économe de la caravane. « A la manière dont il s'acquitta de cette charge, dit ce Prélat, je compris que je pourrais plus tard lui en confier de plus importantes. » Ce fut cependant l'occasion d'une pénible alerte. L'ordinaire des voyageurs se composait de pémican, sorte de pâté de viande largement assaisonné de graisse ou de suif, dont le souvenir tend à devenir légendaire en Amérique, depuis que la destruction des buffles sauvages a fait disparaître la matière première de cette nourriture, très précieuse pour les longs voyages, mais très répugnante pour les débutants.

« Nous étions heureux, continue Monseigneur, quand, de temps en temps, nous pouvions avoir quelque gibier. Le P. Légeard aimait la chasse et s'y montrait assez adroit. Passant un jour près d'un petit lac peuplé de canards, il me demanda la permission de s'y arrêter. Le succès lui fit oublier l'heure. Ne le voyant point revenir, et voulant lui épargner une trop longue marche, je priai le guide de nous faire camper plus tôt. La nuit vint avant le retour du chasseur. Redoutant quelque accident, je l'envoyai chercher, et bientôt j'allai moi-même à la rencontre des chercheurs. Je ne pus, en le revoyant, m'empêcher de lui faire sentir sa faute. Il n'eut pas un mot d'excuse, et comme je lui demandais l'explication de ce retard : « Il ne me fallait plus qu'un canard, dit-il, pour que chacun eût le sien. C'est en voulant tuer ce quinzième ou seizième canard que je me suis attardé. » Il fut si mortifié de cette aventure qu'il ne voulut plus s'exposer à la tentation. Plus de chasse durant le reste du voyage. Je crois même qu'il n'a plus chassé depuis. »

On mit trente-trois jours pour arriver au fort Carlton, sur la Saskatchewan du Nord. Deux de nos Pères attendaient là Monseigneur, en donnant la mission aux catholiques de l'endroit. Le 12 août, Sa Grandeur clôtura cette mission en officiant pontificalement dans la grande salle du fort, transformée en chapelle pour la circonstance. Tous nos voyageurs goûtaient le bonheur de se voir réunis si nombreux, et se félicitaient d'avoir franchi sans accident la plus longue et la plus dangereuse partie du chemin. Le lendemain, hélas ! leur réservait une pénible surprise. En traversant la rivière, un bœuf effrayé fit verser au plus fort du courant la charrette qui portait ce que Monseigneur avait de plus précieux en fait de vêtements, d'ornements et de vases sacrés. C'est là que furent perdus un calice et un ciboire en vermeil reçus du grand et saint Pape Pie IX. Cette perte fut plus sensible que tout le reste au cœur de Monseigneur. Il fut impossible de retrouver ces objets.

Le 15, on quittait Carlton après avoir une deuxième fois célébré la messe sur les bords de la Saskatchewan. Le 18, la caravane se divisait en deux groupes, l'un s'avançant plus loin dans la prairie vers les missions de l'Ouest ; l'autre, prenant la direction du Nord pour se rendre à l'Ile à la Crosse. Dans le second groupe se trouvaient Monseigneur, le P. Légeard et quatre Frères. Au moment de la séparation survinrent quelques familles sauvages de la tribu des Cris ; elles présentèrent aux missionnaires quatre petits enfants à baptiser, et chacun des quatre prêtres présents en baptisa un.

Après quelques jours de marche, le groupe de Monseigneur quittait la prairie pour entrer dans les vastes et sombres forêts qui entourent presque partout les grands lacs du Nord. Le 26, on arriva à l'extrémité méridionale du lac Vert. Le grand bateau sur lequel comptait Monseigneur, n'étant pas arrivé, il fut convenu qu'on partirait le lendemain matin dans un canot d'écorce prêté par le commis de l'honorable Compagnie.

Dans la soirée du 26, le P. Légeard eut encore la consolation de baptiser un petit Cris. « C'était, dit-il, l'anniversaire de mon baptême. Aussi ce fut avec un véritable bonheur que je conférai le sacrement de la régénération à ce pauvre enfant des bois, le jour même où le bon Dieu m'avait accordé la même faveur. Que de choses se sont passées dans cet espace de vingt-cinq ans ! Comme Dieu a été bon pour moi ! De combien de grâces il m'a comblé ! Comme il a travaillé à faire de moi ce que je suis à présent ! Qui eût dit à ma mère, au jour de mon baptême, que son Prosper, dans vingt-cinq ans, serait à plus de deux mille lieues de sa patrie, et que là, au milieu des bois, dans un pays presque inhabité, il aurait à son tour le bonheur d'ouvrir les portes du ciel à de pauvres enfants sauvages ! Quelle consolation elle eût goûtée si le bon Dieu lui avait fait connaître ce qu'il réservait à son enfant ! Mais elle en jouit au ciel, c'est là qu'elle prie pour moi : c'est là qu'elle m'attend ! Toutes ces pensées se présentaient alors à mon esprit, et je remerciais Dieu qui a eu pitié de moi, et qui, de préférence à tant d'autres, m'a choisi pour le faire connaître et aimer dans ces pays abandonnés. »

Dans la matinée du 27, nos voyageurs, laissant deux Frères à la garde des bagages, s'embarquèrent avec précaution dans le frêle canot d'écorce, et en quatre heures ils parvinrent à l'autre extrémité du lac. Continuant par le cours d'eau qui lui sert de décharge, ils entrèrent bientôt dans la belle rivière aux Castors, qui coule droit au Nord et va se jeter dans le lac de l'Ile à la Crosse. C'est la route naturelle ouverte par la Providence aux voyageurs qui se rendent dans la région septentrionale de l'Amérique. C'est celle qu'ont suivie la plupart des nôtres qui sont allés dans l'immense bassin du fleuve Mackenzie, aux missions d'Athabaska, de la Providence, de Notre-Dame de Bonne-Espérance, etc.

A six heures, ils descendirent à terre pour souper. C'était le jeudi soir. Voulant arriver à l'Ile à la Crosse le samedi, ils se décidèrent à marcher une partie de la nuit. « Le temps était beau, dit le P. Légeard, la nuit magnifique. Il y avait quelque chose d'imposant dans ce grand silence de la forêt au milieu de laquelle coule la rivière. Vers dix heures nous descendîmes à terre, notre canot fut attaché à quelques branches ; nous fîmes notre prière, après quoi, étendant nos couvertures au pied d'un grand arbre, nous cherchâmes dan le sommeil un repos dont nous avions grand besoin, car nous avions ramé pendant dix heures et franchi près de vingt lieues. Le lendemain, à cinq heures et demie, nous étions debout. Quelques instants après, nous remontions en canot jusqu'à l'heure du déjeuner. Nous venions de repartir, quand tout à coup, au détour de la rivière, nous aperçûmes la berge ou grand bateau qui venait nous chercher. Trois coups de fusil, tirés par le jeune homme qui était à l'avant de notre canot, annoncèrent aux hommes de la berge que Monseigneur arrivait. Bientôt, de l'autre côté, plusieurs décharges retentirent. On saluait Sa Grandeur. Après quelques instants d'entretien avec les gens de la berge, nous continuâmes notre route. La journée du vendredi se passa comme la précédente. Le samedi à midi, nous arrivions à l'entrée du lac. Un vent du Nord assez violent avait soufflé toute la matinée, et nous faisait craindre que l'agitation du lac ne nous permît pas de le traverser. On se souvenait que Mgr Taché, venant à l'Ile à la Crosse, était resté tout le jour de la Pentecôte sur une petite pointe en face de la Mission sans pouvoir y aborder. Heureusement, le vent étant un peu tombé, nous crûmes possible de tenter l'aventure, après avoir dîné et fait un peu de toilette. Les vagues étaient encore assez fortes, notre canot dansait comme une coquille de noix. A trois heures, nous étions à l'extrémité de la *grosse île* qui a donné son nom à la Mission. Devant nous se montraient, à droite, le fort de l'honorable Compagnie de la baie d'Hudson, à gauche, le bel établissement de nos Pères. Nous tirâmes plusieurs coups de fusil, pour donner avis de notre arrivée. Une demi-heure après, nous étions au terme de notre voyage. Nous débarquions devant l'église de la Mission, à la grande surprise de nos Pères qui ne pouvaient en croire leurs yeux. Nous nous rendîmes aussitôt à l'église où fut chanté un Salut solennel d'actions de grâces, pour remercier le bon Dieu de nous avoir amenés sains et saufs à cette chère Mission après laquelle nous soupirions depuis si longtemps. C'était le samedi 29 août 1868. Il y avait cinquante jours que nous avions quitté la Rivière Rouge. »

Le bonheur du P. Légeard est facile à comprendre. Il se voyait au terme des aspirations de toute sa vie, et sur une terre dont Dieu lui donnait l'investiture. C'est là qu'il allait être le chargé d'affaires de Jésus-Christ, le dispensateur des grâces de Dieu, le guide et le père des plus pauvres populations du monde. Sa foi vive percevait clairement la grandeur du ministère qu'il venait remplir, et la sainteté qu'il convenait d'y apporter. Son cœur généreux acceptait d'avance les croix inséparables d'un tel apostolat. Il ne s'était pas soumis à tant de sacrifices pour marchander alors son dévouement. Il s'était toujours attendu à beaucoup souffrir, et sa disposition était maintenant de se donner sans compter, jusqu'à épuisement, et de n'attendre que de Dieu sa récompense, selon l'héroïque expression de saint Paul : « De tout mon cœur, je donnerai tout ce que j'ai, et je me donnerai moi-même pour les âmes ; et je les aimerai sans mesure, dussé-je n'en être pas aimé (1). »

Mis en possession de sa terre promise, il s'y sentait chez lui

(1) Ego libentissime impendam et superimpendar ipse pro animabus vestris, licet plus vos diligens minus diligar. (II Cor. xii, 15.)

dès le premier jour et pouvait dire avec le prophète : « C'est ici le lieu de mon repos, je m'y fixe pour toujours (1). » Il venait en effet sans espoir de retour, il avait brûlé ses vaisseaux et s'abandonnait sans réserve à l'unique passion de son cœur : le besoin de s'immoler pour la gloire de Dieu et le salut des âmes. Vrai cœur de missionnaire, fermé aux vulgarités de l'égoïsme et de la mollesse, et où il n'y avait place que pour les pensées et les ambitions des saints.

CHAPITRE DIXIÈME

L'Ile à la Crosse.

Le beau lac indiqué sur les cartes géographiques sous le nom de l'Ile à la Crosse, est situé au centre de l'immense territoire qu'on nomme le Nord-Ouest de l'Amérique septentrionale, ou la Nouvelle-Bretagne, à peu près à égale distance des montagnes Rocheuses et de la baie d'Hudson, par le 55ᵉ degré et demi de latitude, et le 110ᵉ de longitude occidentale de Paris.

Ses eaux descendent à la baie d'Hudson par la rivière Churchill. Il a de quinze à dix-huit lieues de longueur sur une largeur plus ou moins considérable. Il entre dans les terres par des baies qui ont jusqu'à trois, quatre et cinq lieues de profondeur. Tout autour sont de vastes forêts habitées par les sauvages, dont les uns se sont bâti des maisons en bois, tandis que les autres, fidèles à la vie nomade, errent en tous sens pour chercher dans la chasse et la pêche leurs moyens de subsistance.

(1) Hæc requies mea in sæculum sæculi : hic habitabo quoniam elegi eam. (Ps. CXXXI, 14.)

La Mission est assise au bord du lac. Elle forme un petit village de fort belle apparence. Au centre se trouve l'église qui mesure 60 pieds de longueur sur 26 de largeur. A droite est la maison des Pères, à gauche celle des Sœurs avec leur école et quelques dépendances. En arrière sont les habitations destinées aux familles des hommes attachés à la Mission, soit pour la pêche, soit pour les autres travaux. A une demi-lieue de distance on aperçoit l'établissement de la Compagnie de la baie d'Hudson. Cette Compagnie, dont les bureaux sont à Londres, a établi dans tout le Nord-Ouest des forts ou gros villages, où habitent les hommes engagés à son service pour la traite des pelleteries.

Lorsque le P. Légeard y arriva, l'Ile à la Crosse était déjà la plus belle de nos Missions du Nord-Ouest, au delà de Saint-Boniface. Découvert par les blancs en 1777, ce poste avait été visité pour la première fois, en 1845, par le vénérable M. Thibault qui eut le bonheur d'y baptiser plus de trois cents infidèles. A cette nouvelle, Mgr Provencher, vicaire apostolique des vastes territoires du Nord-Ouest, s'empressa d'y envoyer M. Laflèche, aujourd'hui évêque des Trois-Rivières, et le jeune P. Taché, venu du Canada l'année précédente sous la conduite du P. Aubert. Ces deux missionnaires arrivèrent à l'Ile à la Crosse en 1846 et y étendirent considérablement le règne de Jésus-Christ.

Au mois de juillet 1848, le P. Faraud vint se joindre à eux. Mais l'année suivante, M. Laflèche fut obligé, par l'état de sa santé, de regagner Saint-Boniface; et la Mission, placée sous la protection et le vocable de saint Jean-Baptiste, demeura définitivement et exclusivement confiée à notre Congrégation. On vit s'y succéder les PP. J. Tissot, Maisonneuve, Végreville, Grollier, Grandin, Moulin, Seguin, Gasté, Caër; et les FF. convers Dubé, Bowes, Boisramé, Péréard, Salasse, Némoz, etc.

En 1860, la divine Providence procura à nos Pères l'inappréciable concours d'une communauté de Sœurs de Charité, dites Sœurs Grises, de Montréal. On sait combien cet Institut est justement populaire en Canada. Une expérience de vingt-cinq ans nous permet d'attester que Dieu ne pouvait donner à l'action de nos missionnaires un appui plus efficace et plus dévoué. C'était comme un complément nécessaire. Ces saintes filles, déjà établies à Saint-Boniface depuis quelques années, ont successivement pris pied dans le Nord-Ouest, à Saint-Albert, au lac la Biche, et à nos Missions plus septentrionales d'Athabaska et de la Providence. A la fois religieuses hospitalières et religieuses enseignantes, elles se prêtent à tous les services et à tous les ministères avec une abnégation et un zèle dont les sauvages sont fiers, et qui forcent l'admiration des protestants eux-mêmes. Tour à tour catéchistes, infirmières, mères des orphelins, éducatrices de l'enfance, secourables à toutes les misères et à tous les besoins, elles sont, aux yeux des pauvres Indiens, la touchante révélation de l'esprit même du catholicisme, en ce qu'il a de plus pur et de plus élevé. Nous ne saurions trop dire le bien qu'elles font à nos missions, ni la vénération qu'elles nous inspirent et la profonde reconnaissance que nous leur devons.

Le R. P. Vandenberghe parut à l'Ile à la Crosse, comme visiteur extraordinaire, en 1864.

Sous l'action puissante et ininterrompue de tant d'apôtres, la Mission fit de rapides progrès et devint florissante, tant par le nombre des chrétiens que par leur docilité et leur ferveur. D'importantes constructions s'y élevèrent, d'année en année, et prirent bientôt l'aspect d'un beau village. Le désert tressaillait d'allégresse en voyant jaillir de son sein, comme un lis éclatant, cette nouvelle et gracieuse Jérusalem d'où la louange de Dieu ne cessait pas de monter vers le ciel, et où le Bon Pasteur attirait dans ses bras les pauvres sauvages pour les régénérer dans sa lumière et dans son amour.

Le 15 septembre 1864, Mgr Taché arrivait à l'Ile à la Crosse pour y rejoindre le R. P. Vandenberghe et l'accompagner ensuite dans les autres Missions de son immense diocèse. « Dès le lever du soleil, raconte-t-il, nous entrions dans le lac, et puis bientôt la grande croix, le clocher étincelant, l'église, tout l'établissement de la Mission de St-Jean-Baptiste réflétaient les rayons de notre magnifique soleil de septembre, en nous renvoyant à la figure des flots de lumière. Cette vue inondait notre âme des plus délicieuses émotions. Là, sur les bords de ce lac tranquille, dans un site que bien des touristes admireraient avec enthousiasme, s'assied cet établissement qui a déjà fait tant de bien, et qui en promet davantage pour l'avenir. Nous rapprochions, pour le comparer, ce qui se passait en ce moment dans notre cœur, de ce qui s'y était passé, dix-huit ans auparavant, lorsque, pour la première fois, nous arrivions à cette même Ile à la Crosse où alors il n'y avait rien pour le Seigneur, rien, si ce n'est le bon vouloir des sauvages et le bon vouloir des missionnaires qui venaient les évangéliser. Merci, mon Dieu, d'avoir béni nos efforts, d'avoir accepté les sacrifices que nous vous avons offerts, d'avoir écouté les prières ardentes que nos cœurs vous ont adressées. Ce que nous avons vu à l'Ile à la Crosse en cette dernière visite, prouve jusqu'à l'évidence que nous n'avons pas prié en vain, la première fois que nous en avons foulé le sol (1). »

Telle était cette perle du Nord-Ouest, lorsque arriva l'incendie du 1er mars 1867, qui consuma la maison qu'habitaient Mgr Grandin avec les Pères et les Frères, et qu'on appelait l'Évêché. Le feu se déclara le soir après l'Angelus. Ses ravages furent foudroyants. Néanmoins on put préserver l'église et le couvent. Ce fut une scène navrante. Les Sœurs Grises l'ont racontée dans leur très intéressant journal, que nous avons eu la bonne fortune de voir reproduit dans les *Annales de la Propagation de la Foi* de Québec. On nous saura gré de citer cette page de leur émouvant récit :

« Sur le lac, assises sur des bancs de neige, à quelque distance de la maison, par un froid de 30 degrés, nous voyions disparaître, en moins d'une heure et demie, le fruit des labeurs et des fatigues de nos généreux Frères, pendant deux

(1) Missions, v, 513.

ans ! Tout était anéanti !... Monseigneur, à quelque distance de nous, contemplait d'un regard suppliant cet immense brasier, où achevaient de se consumer les provisions et les ressources de notre pauvre Mission.

« Le R. P. Caër, économe, agenouillé sur la neige, près de la maison embrasée, priait avec quelques enfants, se soumettant et implorant la protection de la Providence. Il était huit heures quand nous pensâmes à rentrer chez nous. Dans notre frayeur et notre empressement, nous n'avions pas pensé à nous servir de nos manteaux ; aussi étions-nous transies de froid et accablées d'émotion.

« Cependant nous fîmes un bon feu et préparâmes quelque chose pour nos pauvres missionnaires. La porte s'ouvre, et nous nous trouvons en présence de notre vénéré Pasteur, presque défaillant par suite des émotions qu'il avait éprouvées et du froid qu'il avait enduré. Le P. Caër, puis les bons Frères arrivèrent, et tombant à genoux aux pieds de Monseigneur, accablé sous le poids de l'épreuve, ils pleurèrent !... résignés !... silencieux !... Spectatrices de la première entrevue de ces dignes missionnaires, réduits au plus absolu dénûment, nous étions attendries jusqu'aux larmes, admirant tant de résignation au milieu d'une si affreuse misère ! Nos missionnaires se trouvèrent donc, ce soir-là, sans capots, sans casques, sans mitaines (1), au milieu de la saison rigoureuse. Il ne leur restait que les habits qui les couvraient quand l'incendie éclata. Comme c'était un jour ouvrable, tous, Monseigneur même, n'avaient que leurs vieux habits ; et par un surcroît de malheur, nous avions fait transporter à l'Évêché, dans l'après-midi de ce jour néfaste, tout le linge et les hardes que nous avions chez nous, appartenant aux missionnaires. En sorte que tout, absolument tout, était consumé par les flammes !

« Mgr Grandin, puisant dans sa foi et sa soumission à la volonté divine, le courage dont son cœur extrêmement sen-

(1) Objets de costume dont personne, dans l'Amérique du Nord, ne peut se passer en hiver.

sible avait besoin dans cette accablante circonstance, invita tout le monde à se rendre à la chapelle pour remercier le bon Dieu de nous avoir frappés et épargnés. Je dis épargnés, car sans la protection de la Providence, l'église et le couvent auraient dû être consumés avec l'Évêché. Tout le monde étant donc réuni dans la chapelle encombrée d'objets soustraits aux flammes, Monseigneur, d'une voix émue et brisée par la peine, entonna l'hymne de la reconnaissance, le *Te Deum*, poursuivi par des voix tremblantes et pleines de sanglots. Sa Grandeur nous fit ensuite une petite et touchante exhortation. Ses paroles, mais surtout son admirable résignation, nous consolèrent et nous fortifièrent tous.....

« Le bon F. Dubé s'installa au couvent avec ses orphelins. Le F. Péréard et deux hommes passèrent la nuit auprès de l'immense brasier, dont les dernières flammes, jointes aux émotions de la soirée, empêchèrent tout le monde de dormir. Le dévoué F. Bowes était en proie à de vives douleurs causées par la fumée de l'incendie qui l'avait asphyxié ; il s'était aussi blessé le bras droit en brisant les vitres d'une fenêtre par où il voulait pénétrer dans la maison pour sauver quelques papiers.

« Quinze jours après, Mgr Grandin partit pour la France, après avoir fait rapiécer sa vieille soutane de mérinos noir, et un vieux capot de gros drap bleu, qui *était à la corde*. C'était toute sa toilette. »

Aussitôt après son départ, notre bon F. Bowes, le grand constructeur de nos Missions, aborda l'entreprise d'une nouvelle habitation. Son travail était achevé lorsque le saint Prélat et le P. Légeard débarquèrent à l'Ile à la Crosse le 29 août 1868. Ils amenaient nos bons FF. Guillet et Leriche. La pieuse colonie était encore toute à la joie de cette arrivée, lorsque, le 14 septembre, le cri : Au feu ! au feu ! retentit de nouveau. La grange, nouvellement construite par le F. Bowes, commençait à brûler. Monseigneur et le P. Légeard accoururent et après eux toute la population. Grâce à Dieu, on réussit à arrêter l'incendie.

Cependant, selon l'usage, aussitôt que les sauvages des environs eurent appris la venue de Monseigneur, ils s'empressèrent d'accourir pour faire leur mission. Prédications et confessions commencèrent. Ce fut pour le P. Légeard l'occasion de faire connaissance avec le troupeau dont il allait être le pasteur. Les Montagnais en formaient la majorité : peuple doux et pacifique, ennemi de la guerre, quoique intrépide chasseur, remarquable entre toutes les autres tribus par sa docilité à recevoir l'Évangile et par sa candide ferveur à en pratiquer les préceptes ; goûtant avec délices les cérémonies du culte et le chant des cantiques ; rencontrant rarement un prêtre sans demander à se confesser ; très ferme dans la foi, et comblant le missionnaire de consolations.

Après eux les Cris, nation sauvage qui domine dans le bassin de la Saskatchewan. Il y en avait plusieurs centaines dans les environs de l'Ile à la Crosse, parlant une langue absolument différente de celle des Montagnais, dont ils différaient plus encore par leur caractère énergique, mais fier et orgueilleux ; moins dociles à l'appel de la grâce, moins accessibles aux attraits de la piété, et souvent trop soumis aux influences du respect humain.

Enfin un certain nombre de Métis, attirés par la Compagnie de la baie d'Hudson, ou par les ressources de la chasse et de la pêche qu'offrent ces contrées.

Les premières impressions du P. Légeard furent toutes de consolation et de joie à la vue de l'extraordinaire ferveur avec laquelle tous ces sauvages, les Montagnais surtout, suivaient les exercices de la mission que Monseigneur leur donnait. Beaucoup de ces pauvres gens n'ayant pas d'autres ressources que celles que leur fournissait le lac, enduraient la faim plutôt que d'abandonner la place avant d'avoir entièrement satisfait les besoins de leur âme. C'était un spectacle touchant de les voir, amaigris par de dures privations, passer de longues heures à l'église, écouter avec avidité la parole de Dieu, et chanter les saints cantiques avec une merveilleuse ardeur.

Déjà à cette époque, tout le pourtour de l'Ile à la Crosse,

dans un large rayon, était conquis à Jésus-Christ et formait la belle chrétienté que nous venons de décrire. Au-delà, se trouvaient des groupes de Cris infidèles qui ne paraissaient pas éloignés d'embrasser la prière, mais qu'il fallait disputer à la propagande protestante.

CHAPITRE ONZIÈME

Débuts à l'Ile à la Crosse. — L'école de la Mission.

Tel était le théâtre que Dieu ouvrait au zèle du nouveau missionnaire. Le P. Légeard se voyait, à vingt-cinq ans, devenu le père de tout un peuple, et le représentant accrédité de la sainte Église dans de vastes régions. Sa première sollicitude fut d'apprendre la langue de ces enfants du désert. Le montagnais et le cris lui étaient indispensables. Il fallait aussi qu'il pût traiter en anglais avec les employés de l'honorable Compagnie.

Dès les premiers jours, Monseigneur le mit en rapport avec les sauvages. « Ces bons Indiens, dit-il, se prêtaient volontiers à apprendre au *yaltri yozé* (prêtre nouveau) quelques mots de leur langue si difficile à prononcer pour un Européen. Monseigneur recommanda à une vieille Montagnaise de m'apprendre à lire tant qu'elle serait dans les environs de la mission. Cette vieille, nommée Catherine, l'une de nos meilleures chrétiennes, et la plus instruite peut-être des femmes de sa tribu, venait tous les jours me donner une leçon. Elle me faisait lire et m'apprenait quelques mots. Nos enfants de l'école s'amusaient beaucoup de voir cette sauvagesse me faire la classe comme à un petit écolier. Je lui apprenais en retour quelques-uns des cantiques que nos Indiens aiment tant à chanter. »

Avec cette méthode, le P. Légeard fit plus de progrès en montagnais qu'il n'en avait fait en cris, par le moyen des livres, depuis son arrivée à Saint-Boniface. Il reprit l'étude de cette dernière langue, lorsque les Montagnais se furent éloignés de la mission pour aller au large chercher leur vie.

Ainsi se termina l'année 1868.

Au commencement de janvier 1869, Sœur Dandurand, de la Communauté des Sœurs Grises, fut frappée d'une attaque d'apoplexie. Ses compagnes la mirent au lit; son visage était pourpre et ses mains étaient glacées. On avait tout préparé pour l'administration des sacrements, et tout annonçait une mort prochaine, lorsque le P. Légeard suggéra de faire une neuvaine à la Bienheureuse Marguerite-Marie pour obtenir la guérison de la pieuse malade. La neuvaine fut commencée aussitôt avec la plus grande ferveur par tout le personnel de la mission. Ces prières furent exaucées. La Sœur recouvra la santé, et, pendant trois ans et demi qu'elle vécut encore, elle n'éprouva plus aucune atteinte du mal qui l'avait conduite si près du tombeau.

Cet événement mit en grand relief la piété du P. Légeard, et rendit populaire à l'Ile à la Crosse le culte de « sa chère Bienheureuse. » Les Sœurs comprirent le trésor que Dieu leur avait envoyé dans la personne du jeune missionnaire, et se sentirent dès lors pénétrées pour lui de vénération et de confiance. De son côté le Père, vivement touché de la faveur dont ces dignes religieuses venaient d'être l'objet, en prit occasion d'apprécier davantage leur parfait esprit religieux et leur admirable dévoûment. Appelé, malgré sa jeunesse, à être leur père spirituel, il leur voua une estime et une reconnaissance que justifiaient surabondamment leurs vertus éminentes et leurs précieux services. Le plus grand bienfait que la Providence eût accordé à la Mission, c'était effectivement de lui avoir assuré le concours de ces saintes filles. De combien de sollicitudes ne déchargeaient-elles pas les Pères, en pourvoyant aux détails de leur vie matérielle, en prenant soin de l'église et de tout ce qui servait au culte, en soignant les malades, et surtout en donnant une excellente direction aux enfants qui fréquentaient leur école.

Cette école, toute à l'honneur du catholicisme dans cette contrée, comprenait alors une trentaine d'enfants des deux sexes et de toute provenance : petites filles d'Anglais attachés à la Compagnie de la Baie d'Hudson, ou de Métis établis à cent lieues à la ronde ; et orphelins sauvages recueillis par les Pères et arrachés à la misère.

Ces enfants recevaient de la Mission, la plupart à titre gratuit, le pain du corps, la culture intellectuelle, et une éducation chrétienne particulièrement soignée par les Sœurs. Cette éducation permet aujourd'hui à bien des mères de famille, issues de métis ou même de sauvages, de figurer avec honneur, par la dignité de leur tenue, la convenance de leur langage et la fermeté de leur esprit catholique, parmi les personnes élevées en pays civilisés. Et ce n'est pas, dans ces régions si neuves, l'un des moindres titres de l'Église catholique, à l'estime et au respect des protestants.

Les Sœurs gouvernaient ce petit troupeau avec un tact exquis et un zèle que rien ne lassait. Les difficultés cependant ne leur manquaient pas, principalement du côté des orphelins que leur origine sauvage rendait plus rebelles à la discipline et à l'étude. Le F. Dubé leur prêtait main forte pour réduire ce petit peuple turbulent et grossier. Il eut beaucoup à souffrir des mauvais instincts de ses sauvageons, mais rien ne put jamais lasser sa patience ni décourager son zèle. Il y avait en lui un cœur d'apôtre qui lui faisait aimer ces enfants, malgré leur ingratitude et leur méchanceté. Le jour, il les conduisait aux travaux manuels ; il les surveillait la nuit, et exerçait sur eux un patronage qui, à la longue, réussit à les dompter, pour la plupart, et à les transformer. Jamais Frère convers n'a mieux mérité de la Congrégation, ni plus noblement justifié son titre de Missionnaire Oblat de Marie-Immaculée.

Durant l'été de cette année, Mgr Grandin étant revenu à l'Ile à la Crosse, remarqua qu'il y avait au fort de l'honorable Compagnie un grand nombre d'enfants qui passaient leur temps à courir les bois. Il exprima le désir que la Mission les reçût comme externes, et dix-neuf de ces enfants vinrent se joindre aux vingt-trois pensionnaires qui suivaient alors les classes. Mais on ne pouvait, sans de nombreux inconvénients, les laisser franchir seuls la distance d'une demi-lieue qui sépare le fort de la Mission. Le P. Légeard se chargea d'aller les chercher chaque matin. Quel que fût le temps, il partait tous les jours après sa messe, et revenait bientôt avec le petit bataillon. Il était soutenu dans ce pénible emploi par la vue du grand bien qui en résultait. Son zèle se donnait là libre carrière. Voici la description qu'il fait à son oncle de cet exercice journalier :

« Ces enfants apportent avec eux leur dîner et ne s'en retournent que le soir avec leurs parents qui viennent les chercher. L'hiver dernier, j'ai admiré souvent le courage de ces pauvres enfants. Pour arriver au fort, par le chemin d'hiver, on traverse, sur la glace, une baie de trois à quatre cents pas. Dans ce court trajet, les uns ou les autres se gelaient la figure, tant le froid était vif. Cela ne les a pas empêchés de venir tout l'hiver. Par exemple, nous manquions souvent à la gravité sur cette vilaine baie où rien ne nous abritait. Nous la traversions à la course, moi le premier; une fois dans le bois, le froid devenait plus supportable. »

Vers la fin de juin, un examen solennel du petit collège de l'Ile à la Crosse eut lieu sous la présidence de Mgr Grandin et de Mgr Faraud qui venait d'arriver du Nord avec Mgr Clut. On dressa une estrade sur laquelle prirent place les trois Évêques. L'assistance se composait du personnel de la Mission, de plusieurs officiers de l'honorable Compagnie, de tous les gens du Fort et de la population d'alentour. Mgr de Saint-Albert et Mgr d'Anemour prirent successivement la parole et firent ressortir, en termes éloquents, les avantages de l'instruction et l'obligation pour les parents d'envoyer leurs enfants à l'école. L'examen fit admirer l'intelligence et le travail de ces enfants dont plusieurs étaient de purs sauvages. A l'étendue de leur programme d'études, à la précision de leurs réponses, et leur air dégagé quoique simple et modeste, on put se convaincre de l'immense service que l'enseignement donné par les Sœurs grises sous la direction des Pères, rendait à l'Église et à la civilisation dans ces contrées reculées du Nord-Ouest.

Personne ne le comprenait mieux que le P. Légeard. Le succès de cette petite solennité académique lui fut une grande consolation et l'encouragea puissamment à redoubler d'efforts pour assurer le développement de sa chère école.

Toutes ses lettres, à cette époque, expriment ce sentiment et sollicitent la générosité de ses parents et amis en faveur d'une œuvre « appelée à faire le plus grand bien, mais arrêtée dans son essor par l'insuffisance du local et l'extrême pénurie de la Mission. »

CHAPITRE DOUZIÈME

Étude des langues. — Le P. Légeard au lac Canot. Mort de sa sœur Hortense.

Cependant l'étude des langues demeurait la principale occupation de notre missionnaire. Son Évêque lui avait attribué la charge de pourvoir aux besoins spirituels des Cris. Il fallait sans retard se mettre en mesure de les comprendre et de les instruire. La présence du P. Moulin à la Mission lui laissant un peu de liberté, il résolut de recommencer le mode d'instruction dont la vieille Catherine lui avait donné le goût.

Il y avait, à environ douze lieues de l'Ile à la Crosse, un petit village cris de sept familles, situé dans la forêt, sur les bords du lac Canot. C'est là que, sur le conseil de Mgr Grandin, le Père se rendit vers la fin de novembre. Deux jeunes sauvages vinrent le chercher, chacun avec une traîne attelée de trois chiens. Le voyage sur la glace du lac fut rapide. Les habitants du village accueillirent le Père avec un joyeux empressement ; une maison en bois, toute neuve, fut mise à sa disposition, ainsi qu'un jeune sauvage pour le servir. La femme du chef se chargea de faire sa cuisine.

Rien de simple comme son ameublement : quelques planches, recouvertes d'une peau de buffle, formaient son lit ; quelques planches encore lui servaient d'abord d'autel pour la messe, puis de table de travail. Une malle lui tenait lieu de chaise ; quelques bancs, grossièrement façonnés, complétaient le mobilier de l'unique pièce qu'éclairaient imparfaitement trois petites fenêtres garnies de papier.

C'est là qu'il vécut plusieurs semaines, s'initiant au langage des sauvages à force de les entendre parler, et à leurs coutumes, à force de les voir de près ; mangeant la part de poisson que ces pauvres gens lui donnaient chaque jour ; jeûnant comme eux, quand la pêche ne rendait pas. Sa crainte était de leur, devenir à charge et de se voir forcé de quitter la place si le poisson venait à manquer.

« Ce n'est pas, écrivait-il, qu'humainement parlant j'aie bien du plaisir à rester au milieu de gens que je comprends à peine, et qui ont bien du mal à saisir les quelques phrases que j'essaie de formuler dans leur langue. Mais si je partais, je perdrais une belle occasion d'apprendre le Cris, lequel m'est absolument nécessaire pour exercer le saint ministère parmi les sauvages de cette tribu. »

Cette considération lui faisait accepter gaîment les dures privations d'une existence aussi primitive. Il imitait l'admirable condescendance du Fils de Dieu qui a daigné descendre jusqu'à la bassesse de l'homme pour élever l'homme jusqu'à sa divine ressemblance. Il pouvait dire avec saint Paul : « Je me suis fait pauvre avec les pauvres, afin de les gagner à Jésus-Christ. Je me suis fait tout à tous pour procurer à tous le salut (1). »

(1) Factus sum infirmis infirmus, ut infirmos lucrifacerem. Omnibus omnia factus sum, ut omnes facerem salvos. (1 Cor., ix, 22.)

Ces paroles sont la vraie définition de tous nos missionnaires, mais il semble qu'elles trouvent leur application plus complète dans ceux de l'Amérique du Nord.

Pour couper la monotonie de ses journées, et pour contenter son zèle, le P. Légeard consacrait à l'instruction des sauvages tout le temps que sa propre instruction lui laissait. Le matin, dès le point du jour, ces bons Indiens assistaient à la messe et y chantaient des cantiques. A dix heures, le Père appelait les enfants pour leur apprendre leurs prières et le catéchisme. Les femmes du village venaient aussi avec un grand désir de s'instruire ; le Père était étonné de les voir réciter d'un bout à l'autre toutes leurs prières. L'une d'elles, la femme du chef, pouvait même réciter mot à mot les prières de la messe. Le soir à quatre heures, réunion générale. On chantait des cantiques, on disait le chapelet et l'on faisait la prière du soir, le tout en langage cris.

« Une chose cependant, écrit le Père, peinait mes sauvages : c'est que je ne pouvais les confesser. Cette privation était pour eux si sensible que, la veille de l'Immaculée-Conception, quelque inhabile que je fusse en leur langue, je me décidai à les entendre. Grâce à un examen tout fait que j'avais apporté de l'Ile à la Crosse, je parvins à les comprendre. Tous se confessèrent, et le 25 décembre, à la messe de minuit, j'eus la consolation de donner la sainte Communion à plus de vingt personnes, hommes et femmes, rangés autour de mon petit autel. Comme je fus heureux alors d'offrir à l'Enfant Jésus ces prémices de mon ministère parmi ces pauvres enfants des bois ! Il me semblait que ce bon Sauveur devait être heureux aussi, Lui qui aimait tant les petits et les pauvres, de descendre dans ces cœurs si simples et si pleins de foi. Au commencement de la messe, je ne pus retenir mes larmes en pensant à l'étable de Bethléem, et en entendant mes chers Indiens chanter en leur langue le joyeux avènement du Divin Enfant venu pour leur ouvrir, ainsi qu'aux autres peuples, les portes du ciel si longtemps fermées pour eux. »

Le temps passait ainsi très vite au lac Canot. La journée

était toujours trop courte et l'ennui ne trouvait pas à s'y glisser. Mais les vivres venant à manquer, les sauvages durent se disperser sur les lacs et dans les bois pour chercher leur nourriture. Force fut donc au missionnaire de rentrer à l'Ile à la Crosse à la fin de décembre, non toutefois sans promettre à ces bons Indiens de revenir, avant Pâques, passer encore quelque temps avec eux. Le retour se fit en raquettes. C'était le premier voyage que faisait le Père avec ce genre de chaussures, si dures aux commençants, mais si commodes à ceux qui en ont l'habitude, et si indispensables dans les neiges du Nord.

La petite Mission du lac Canot reçut un précieux témoignage de la piété reconnaissante de son jeune apôtre. Il la plaça sous la protection et le vocable de la bienheureuse Marguerite-Marie, « pour remercier, dit-il, cette chère bienheureuse d'avoir guéri miraculeusement une de nos Sœurs en janvier dernier, et de m'avoir guéri moi-même d'une grave infirmité qui menaçait de me mettre hors de service. »

Nous trouvons ces détails dans deux lettres en date du 29 novembre 1869 et du 7 juillet 1870.

La première, adressée à sa tante, nous apprend aussi la douloureuse impression que lui avait faite, trois mois auparavant, la nouvelle de la mort de sa sœur Hortense, en religion Sœur Zélie. Ce fut pour son cœur un coup très sensible. Orphelin de père et de mère, ayant perdu de bonne heure son frère et sa petite sœur Zélie, il avait concentré ses plus tendres affections sur ce dernier membre survivant de sa famille. La vocation religieuse, commune à tous les deux, avait établi entre eux une conformité de pensées qui donnait à leurs relations un caractère de confiance mutuelle plus intime et de piété plus expansive. C'étaient deux belles âmes qui ne correspondaient ensemble que pour s'exciter à prier l'une pour l'autre, et se porter à la vertu et au sacrifice. Nous avons vu le zèle déployé par Prosper pour former le cœur d'Hortense à la vie religieuse, lui en faire aimer les devoirs, et ouvrir à sa générosité les grandes perspectives du plein règne de Dieu dans une âme, par l'immolation de la nature et la parfaite imitation de Notre-Seigneur. Qui pourrait dire la part qui lui revient dans la sanctification de cette sœur et dans la gloire dont elle jouit au ciel ? La nouvelle de sa mort fit éclater sa grande foi et la vie surnaturelle qui abondait en lui.

« Pauvre enfant, écrivait-il à sa tante, je l'ai bien pleurée. Il y a longtemps que je n'avais eu le cœur si gros. Cependant, j'ai remercié Notre-Seigneur, et je Le remercie encore de l'avoir appelée à Lui. Pas une plainte ne s'est échappée de mon cœur. Je sais trop le peu de prix qu'a la vie de ce monde pour regretter que ma sœur l'ait quittée. Elle est bien mieux avec le bon Dieu qu'avec nous...

« Maintenant, me voilà seul sur cette terre ; plus ni père ni mère, ni frères, ni sœurs. Mon Dieu, merci !... Puisque vous l'avez voulu, je suis content. Je n'en serai que plus à vous, vous n'en serez que plus à moi. Depuis longtemps je vous en avais fait le sacrifice. Vous l'avez accepté ; mon Dieu merci ! Au ciel, je l'espère, nous nous retrouverons tous : là, il n'y aura plus de séparation. »

C'est sous cette fortifiante impression qu'après son laborieux stage au lac Canot, il revint à l'Ile à la Crosse pour y aborder la grande œuvre d'évangélisation qui s'offrait à son zèle. Dieu lui avait préparé là une famille d'adoption sur laquelle allaient se concentrer, jusqu'à la fin de sa vie, toute la tendresse de son cœur et toute l'énergie de ses sollicitudes. Plus que jamais détaché du monde, il se sentit plus complètement dans l'esprit de sa vocation, et mit désormais tout son bonheur à être un religieux fervent, un véritable homme de Dieu et un dévoué serviteur des âmes les plus abandonnées.

CHAPITRE TREIZIÈME

Vue générale de nos Missions du Nord-Ouest.
Le P. Légeard nommé Supérieur de l'Ile à la Crosse.

Nous avons vu ce qu'était alors l'Ile à la Crosse. Depuis vingt-cinq ans, sous l'action de l'Évangile, une admirable transformation s'y était opérée. La barbarie abjecte des sauvages avait fait place à la noblesse des mœurs et des habitudes chrétiennes. Le rude apostolat et la bienfaisante influence des missionnaires trouvaient leur récompense dans l'épanouissement d'une chrétienté dont la ferveur forçait le respect des protestants, et pouvait être proposée pour modèle dans tout le Nord-Ouest. Mais là ne se bornait pas leur zèle. Pionniers de la civilisation en même temps que prédicateurs de l'Évangile, on les voyait bâtir des églises, des maisons et des écoles au milieu de tribus qui n'avaient eu jusque-là pour habitation que de misérables tentes. Partout où le besoin le demandait, ils ouvraient des chemins à travers bois et marais, ils jetaient des ponts sur les rivières, ils construisaient des moulins, ils défrichaient la terre et créaient de belles fermes, dont les produits servaient à nourrir les orphelins recueillis par leur charité, et de malheureux sauvages qui, sans eux, seraient morts de misère.

Ces pauvres Indiens apprenaient à leur école le grand art de gagner leur vie autrement que par les hasards de la chasse et de la pêche. Autour de la Mission, comme autrefois en Europe autour des monastères, venaient se grouper des familles en quête d'une protection efficace. C'est sur le missionnaire qu'elles comptaient pour défendre leurs intérêts près des pouvoirs publics, pour élever leurs enfants, et leur venir en aide dans tous leurs besoins. Le missionnaire était leur père, leur avocat, leur médecin, l'arbitre toujours écouté dans leurs querelles. Il connaissait tous les sauvages par leur nom. Il les visitait dans leurs maladies, quels que fussent la distance et les chemins. L'apparition de la robe noire portait partout la confiance et le respect, inspirait à tous la crainte du mal et la pensée du bien.

Pour acquérir cette influence, pour arriver à ces heureux résultats, que de peines et de sacrifices il en avait coûté à nos Pères ! que de dangers courus sur les rivières, au milieu des forêts et des marécages, dans les neiges et les glaces ! que de fatigues et de souffrances endurées dans de rudes travaux et de cruelles inquiétudes, durant les nuits passées à la belle étoile par un froid terrible, sous le poids d'une solitude et d'un isolement parfois plus redoutable que tout le reste !

Mais que cette vie crucifiante était surabondamment justifiée par les merveilles de grâces opérées en faveur de peuples si déshérités des douceurs de ce monde, et par les consolations intimes dont Dieu se montrait libéral envers les hommes généreux qui acceptaient ce rude apostolat pour la gloire de son nom ! *Omnia facio propter Evangelium, ut particeps ejus efficiar* (1).

Nulle part peut-être ne se réalisait, dans une plus pleine mesure, la touchante image du Bon Pasteur laissant les brebis fidèles pour courir après la brebis perdue, la cherchant avec d'ineffables sollicitudes, sans regarder aux fatigues ni aux périls, et la rapportant avec une allégresse supérieure à la joie causée par les brebis demeurées au bercail.

Quelques traits de ce tableau conviennent peut-être plus spécialement à d'autres Missions, comme Saint-Albert, le lac La Biche, Attabaska et la Providence, où nos Pères ont fondé de si beaux établissements avec le concours des Sœurs Grises. Mais, dans l'ensemble, ils ne s'appliquent nulle part mieux qu'à l'Ile à la Crosse, à l'époque où le P. Légeard en prit la direction, en 1870, au départ du P. Moulin.

(1) I Cor., IX, 23.

Mgr Grandin, bon juge en fait d'aptitudes apostoliques, ne crut pas téméraire de lui confier, malgré sa jeunesse, l'héritage des missionnaires précédents, en le nommant Supérieur de la Mission. « Il accepta cette charge par obéissance, dit le vénéré Prélat, non sans crainte et grande défiance de lui-même. Bien des fois depuis il a fait des instances pour en être délivré. Malgré sa mauvaise santé et tous les désagréments possibles, il a dû la garder jusqu'à sa mort. Sa grande épreuve fut de se voir arrêté dans son essor par la pénurie des ressources. L'impossibilité de faire le bien qui se présentait à lui l'a cruellement fait souffrir. Je n'ai jamais eu qu'à modérer son zèle, et j'ai toujours alors admiré sa soumission. Il avait compris l'importance de l'éducation des enfants sauvages. Il avait cette œuvre à cœur et s'y donnait tout entier. Il a recueilli autant de ces enfants qu'il a pu en nourrir et en vêtir. Non seulement il y a mis son petit patrimoine, mais il n'a cessé de tendre la main à ses parents et amis de France, à des gens de tous pays et de toute religion. Les protestants l'admiraient et se montraient souvent généreux. Tout lui était bon, même les hardes les plus usées, et tout allait à ses petits sauvageons.

« Il était aussi en quête de toutes les détresses pour les soulager. Il a rempli la maison de nos bonnes religieuses, non seulement de beaucoup de petits enfants, mais encore de vieillards et d'infirmes, si bien que l'établissement de l'Ile à la Crosse n'est plus seulement un orphelinat, c'est l'asile de tous les maux. »

CHAPITRE QUATORZIÈME

Le P. Légeard missionnaire à l'Ile à la Crosse. Extrême pauvreté de la Mission.

Le P. Légeard avait promis aux Cris du lac Canot d'aller les revoir avant Pâques. Il tint sa promesse vers la fin de mars 1870, et passa près de cinq semaines au milieu de ces bons sauvages, se perfectionnant dans leur langue tout en les instruisant. Il revint à l'Ile à la Crosse au commencement de mai et y séjourna tout l'été. Mais ni son cœur ni son regard ne se détachèrent jamais de cette Mission du lac Canot, consacrée par lui à la bienheureuse Marguerite-Marie. Il veilla à ce qu'elle fût visitée chaque année. Quand il ne pouvait pas y aller lui-même, il y envoyait ses confrères. Aussi pouvait-il écrire plus tard :

« Cette Mission est la plus favorisée de toutes celles dont nous nous occupons en dehors de l'Ile à la Crosse. Ce qui n'empêche pas ces bons sauvages de venir, au printemps et à l'automne, suivre les exercices de la grande mission que nous donnons régulièrement, à ces époques, à tous les sauvages réunis. Souvent aussi nous les voyons durant l'été, lorsqu'ils viennent au fort de la Compagnie chercher ce dont ils ont besoin. Il est bien rare qu'ils ne se confessent pas en passant ici. Pauvres sauvages ! Ils ont bien leurs défauts, mais je leur dois le témoignage qu'ils sont bien dociles, bien obéissants, pleins de bonne volonté, et qu'on peut en faire tout ce que l'on veut. Et ce qui me fait bien plaisir, c'est qu'ils commencent à avoir une grande dévotion au Sacré-Cœur ; tous en ont déjà des images que nous leur avons faites, et qu'ils gardent précieusement ; tous également, ou presque tous, portent le scapulaire du Sacré-Cœur. Pour les récompenser, Dieu leur a fait une faveur dont jouissent bien peu de sauvages dans ce pays. Tout le temps que le Père est là, Notre-Seigneur réside au milieu d'eux dans la petite chapelle qu'ils ont bâtie. Ce sera certainement pour eux la source de bien des grâces. »

La sollicitude du P. Légeard avait pourvu d'une école la Mission du lac Canot. Cette école ne tarda pas à donner des fruits excellents. Voici ce qu'il en disait quelque temps après :

« Un autre avantage que possèdent les Cris du lac Canot, c'est leur petite école. Au printemps dernier, quand ils vinrent pour la grande mission, le Père qui venait de passer quelque temps avec eux, me dit que bon nombre d'enfants, garçons et filles, savaient leur catéchisme par cœur d'un bout à l'autre. Je n'osais trop y croire; pour m'en assurer, j'interrogeai les enfants un peu sur toutes sortes de sujets, je leur demandai plusieurs explications, et je pus me convaincre que ce qu'on m'avait dit était bien vrai. C'est la première fois, je pense, que nous voyons dans nos Missions des enfants sauvages aussi parfaitement instruits du catéchisme. Personne même n'aurait songé à entreprendre cette tâche difficile. Notre petite maîtresse d'école, avec sa bonne volonté, sa persévérance et le secours de Dieu, en est venue à bout. C'est un grand travail de moins pour nous.

« Cette maîtresse d'école est une veuve crise assez instruite de notre sainte religion, et qui sait passablement lire et écrire en caractères sauvages. Elle s'est toujours montrée fort dévouée pour cette œuvre difficile. Quelques enfants savent déjà lire et écrire. C'est ce que font d'ailleurs la plupart de nos sauvages cris de l'Ile à la Crosse ; ils m'écrivent parfois des lettres assez longues, et j'aime à leur répondre quand cela m'est possible.

« Daigne le Seigneur continuer de bénir cette petite Mission, et de lui faire porter des fruits de salut encore plus abondants. C'est ce qu'obtiendra, j'en suis sûr, à mes chers sauvages du lac Canot leur patronne, la bienheureuse Marguerite-Marie, toujours si puissante sur le Cœur adorable de notre doux Sauveur (1). »

(1) Missions, xv, 310.

C'est ainsi que la piété du P. Légeard laissait son empreinte partout où elle apparaissait. La sainteté est, de sa nature, communicative, comme Dieu lui-même qui en est le foyer. Là où s'est fait sentir sa bienfaisante influence, on retrouve longtemps après les traces de sa vertu. C'est ce que saint Paul appelle la bonne odeur de Jésus-Christ (1). Les Cris du lac Canot n'ont pas échappé à cette loi générale. Ils sont demeurés bons chrétiens. Le souvenir du P. Légeard, toujours vivant parmi eux, les maintient dans la fidélité à leurs devoirs. Il éclaire le chemin qui doit les mener au ciel, et par suite il les aide puissamment à éviter ce qui pourrait troubler leur bonheur d'ici-bas.

Au mois de juillet, Mgr Grandin, venant du lac Caribou, arriva à la Mission de Saint-Jean-Baptiste, amenant le P. Legoff pour en faire le *socius* du P. Légeard, et lui donner en partage l'apostolat des Montagnais, les Cris demeurant à la charge de celui-ci.

Monseigneur ne passa que peu de jours à la Mission. Il repartit le 1er août pour Saint-Albert, en compagnie des FF. Lalican, Péréard et Leriche.

Laissé au soin de ses sauvages, le P. Légeard s'y adonna tout entier. Plusieurs Missions secondaires dépendaient de l'Ile à la Crosse, comprenant tous les sauvages ou Métis de la région, dans un rayon de 40 à 50 lieues. Indépendamment du lac Canot à l'Ouest, ou Mission de la bienheureuse Marguerite-Marie, il y avait, au Sud, la Mission de Saint-Julien, sur le lac Vert; au Nord, la Mission de la Visitation, au portage la Loche; plus au large, vers l'Ouest, la Mission de Saint-Raphaël ou du Lac-Froid. Ces deux dernières, fréquentées par les Montagnais, étaient visitées par le P. Legoff. Les deux autres, habitées par les Cris, restaient à la charge du P. Légeard. Pour terminer la série de ces pieuses dénominations, ajoutons que ce bon Père s'empressa

(1) Deo autem gratias qui semper triumphat nos in Christo Jesu, et odorem notitiæ suæ manifestat per nos in omni loco ; quia Christi bonus odor sumus. (II Cor. ii, 14-15.)

de consacrer l'école de l'Ile à la Crosse à l'objet préféré de son amour ; elle fut dès lors nommée l'école de Notre-Dame du Sacré-Cœur.

C'est sur cette vaste étendue de pays, coupée de nombreux lacs, de rivières profondes, de bois et de marais, que l'activité des deux missionnaires avait à s'exercer. S'éloignant tour à tour de l'Ile à la Crosse, leur quartier général, ils allaient évangéliser les groupes de sauvages qui avoisinaient ces différentes missions, ils les instruisaient, les préparaient aux sacrements, et les prémunissaient contre les embûches protestantes. Ces excursions duraient quelquefois assez longtemps, et soumettaient les Pères à toutes les rigueurs d'une vie de privations et d'isolement. Mais elles avaient pour résultat d'affermir les catholiques dans la foi, et d'en accroître le nombre par de nouvelles conquêtes sur l'infidélité ou le protestantisme. Leur récompense, au retour, était dans l'accueil empressé qui leur était fait à la communuauté, et dans ces joies de la vie de famille, et de la présence réelle de Notre-Seigneur, qui dilatent le cœur de l'apôtre et le préparent à de nouveaux sacrifices.

Au mois de septembre, selon la coutume, les sauvages vinrent en grand nombre à l'Ile à la Crosse pour les exercices de la mission d'automne. Le P. Légeard fut leur prédicateur. Après quoi, d'après les instructions de son Évêque, il comptait aller passer la plus grande partie de l'hiver avec ses Cris et avec les Montagnais, voulant apprendre la langue de ces derniers. Il avait même pris des arrangements avec une famille montagnaise qui devait venir le chercher au mois de novembre sur les premières glaces, lorsqu'à la fin d'octobre, le départ du P. Moulin, supérieur de la Mission, le força de rester à l'Ile à la Crosse.

« Me voilà donc ici, écrivait-il à sa tante le 17 janvier 1871, jusqu'au printemps. Ne croyez pas cependant que l'ouvrage me manque. Tous les jours je fais une classe d'arithmétique aux enfants les plus avancés de l'école. De plus, il me faut préparer un sermon en sauvage pour chaque dimanche, et comme je suis encore assez inexpérimenté en cris, c'est un gros travail pour moi. En outre, je prêche en français, à mon tour, tous les quinze jours, ce qui me fait six sermons à faire par mois, dont quatre en cris et deux en français.

« Mais ce qui me dérange le plus, c'est qu'actuellement je suis obligé de remplir les fonctions de Supérieur de la Mission, de m'occuper du temporel, de pourvoir un peu à tout, de surveiller les pêcheurs, de leur donner ce dont ils ont besoin, ainsi qu'à nos autres serviteurs. Il faut aussi que je réponde, soit aux gens du fort, soit aux sauvages qui viennent me trouver pour n'importe quelle affaire. Aussi n'ai-je pas le temps de m'ennuyer. Au contraire, je trouve que le temps passe avec une effrayante rapidité. Il y a déjà plus de huit ans que j'ai quitté le Séminaire de Laval pour entrer dans notre chère Congrégation. Hier, 16 janvier, c'était le huitième anniversaire de ma prise d'habit, du jour où j'ai commencé mon noviciat à Notre-Dame de l'Osier. Comme les années se sont écoulées rapidement ! »

Il ajoutait cette pressante requête en faveur de son école : « J'ai hâte de savoir, ma chère tante, si vous avez pu recueillir quelque chose pour notre école. Plus que jamais nous aurions besoin d'être aidés. Si nous avions des ressources assurées et un local assez grand, l'été prochain nous pourrions avoir cinquante pensionnaires, garçons ou filles, sans compter les petits sauvages ou sauvagesses qu'on nous confierait si nous pouvions les recevoir. En ce moment, nous avons trente-deux enfants restant à la Mission. C'est une lourde charge pour nous. Il y a tant de personnes en France qui, sans se gêner, pourraient nous aider efficacement en ne nous donnant que peu de chose ! Il est impossible que vous ayez en France la moindre idée de la manière dont nous vivons ici, et des difficultés que nous avons pour faire venir d'Europe, à grands frais, les divers objets dont nous avons besoin. »

Qu'on nous permette quelques détails sur le genre de vie dont parle le P. Légeard.

Ces détails nous paraissent nécessaires pour faire comprendre à quel excès de privations et de dénûment étaient alors réduits nos missionnaires de l'Ile à la Crosse, et en général tous nos missionnaires du Nord-Ouest. Nous les prenons dans le journal des Sœurs grises. Ces saintes filles, en relevant au jour le jour les impressions qui naissaient pour elles des circonstances courantes, nous ont initiés à la vie intime d'un missionnaire catholique en pays sauvage, et enseigné à quel prix Dieu met la conquête des âmes et les palmes de l'apostolat. Cela fait penser à ces paroles dites par Notre-Seigneur à Ananie au sujet de Saul terrassé sur le chemin de Damas : *C'est un vase d'élection, il portera mon nom parmi les nations, et je lui montrerai tout ce qu'il est appelé à souffrir pour les intérêts de ma gloire* (1). »

Nous prenons çà et là quelques extraits dans le récit des Sœurs :

« Dans l'hiver de 1861, la provision de foin étant épuisée, trois vaches moururent de misère et de faim. Notre pauvreté était si grande, que nous les mangeâmes quand même...

« En cette même année, Mgr Grandin partit avec le frère Boisramé pour le portage. La Loche, n'emportant, pour toute provision de voyage, que du poisson sec, pilé, arrosé avec un peu d'huile de poisson. C'était bien juste pour l'empêcher de mourir de faim. Le cœur nous faiblissait de peine ; nous étions sous l'étreinte d'une douleur poignante, mais que faire ? nos provisions étaient épuisées depuis longtemps. Pas une seule bouchée de viande, pas un grain de riz. Nous n'avions absolument que la pêche, et encore nous faisait-elle assez souvent défaut. Nous levions souvent les yeux vers Celui qui nourrit avec tant de libéralité les petits oiseaux, le suppliant de prendre pitié de nous, et nous reprenions force et courage.

« Le bon Dieu permit que, toute cette première année, nous eussions à savourer les misères, les difficultés et les

(1) Vas electionis est mihi iste, ut portet nomen meum coram gentibus... Ego enim ostendam illi quanta oporteat eum pro nomine meo pati. (Act. IX, 15.)

désagréments attachés à la vie de missionnaire. Par une exception singulière, cet été, le vent soufflant rarement, la belle nappe d'eau de notre immense lac n'était plus agitée par cet élément. De grandes herbes y poussèrent à une hauteur prodigieuse, et se couvrirent d'une mousse verte qui se détachait à la moindre brise, et donnait à l'eau un goût si désagréable, la rendait tellement épaisse, impotable et mauvaise que, pour la boire, il fallait que la soif fût devenue une vraie souffrance. Il fallait la filtrer pour s'en servir à la cuisine, et malgré cette précaution, les aliments en conservaient un mauvais goût.

« Dans le courant de juillet, la pêche manquant absolument, nous fûmes forcées de donner vacances à nos enfants, n'ayant rien, rien absolument pour les nourrir...

« Jusqu'en 1862, nos orphelins et orphelines étaient habillés de cuir. C'était toute une affaire, après chaque lavage, que de redonner la forme première à ces vêtements, devenus, au contact de l'eau, tout en longueur ou tout en largeur, et nous n'étions nullement d'humeur à les tirailler et amollir avec les dents, comme le font les femmes du pays...

« Vers la fête de Pâques de cette année, le bon Dieu permit que la pêche manquât tout à fait. Nous ne nous nourrissions, missionnaires et enfants, qu'avec du bien mauvais poisson, gelé et dégelé plusieurs fois, et, pour être véridique, que nous avions mis de côté pour les chiens de la Mission. De mauvaises langues firent courir le bruit que les enfants de l'école mouraient de faim. Leurs parents allaient les retirer lorsqu'un commis de l'honorable Compagnie, dont les enfants étaient pensionnaires, apprit par eux la vérité : c'est-à-dire qu'ils mangeaient parfois du mauvais poisson, même du poisson sec, mais qu'à tous les repas ils avaient quelque chose à manger et assez pour se rassasier. On les crut sur parole, les bruits cessèrent et la classe continua comme par le passé...

« Dans l'hiver de 1863, le bois vint à manquer. La cuisinière en avait à peine assez pour cuire nos maigres aliments. Aussi eûmes-nous beaucoup à souffrir du froid.

« Depuis six ans que nous étions à l'Ile à la Crosse, nous avions toujours été à la ration pendant l'été. Mais en 1866, la pêche manqua tout à fait. Il fallut donner vacances pendant deux mois aux enfants qui avaient des parents au Fort. En fait de provisions, il n'y avait à la Mission qu'un peu d'orge pour faire de la soupe ; nous le conservions pour les jours où le poisson faisait absolument défaut. Avant chaque repas, le Fr. Bowes allait visiter les rêts. Qne de fois il s'en revenait n'ayant qu'un petit poisson blanc, ou un brochet, ou même un petit turlibis ! C'était peu pour partager entre huit grandes personnes. Nous n'avions donc qu'un poisson à chaque repas. Chacune prenait sa petite part, ayant soin, par discrétion et délicatesse, d'en laisser un morceau dans le plat pour celle qui aurait eu besoin davantage ; mais, comme le besoin était égal de part et d'autre, personne n'y touchait. Chacune prenait donc cette modique ration, souffrant dans son cœur et dans son corps sa propre peine et celle de sa sœur, et cela sans se communiquer leurs mutuelles impressions dans la crainte de s'affliger l'une l'autre. Ce ne fut que lorsque la pêche devint plus abondante, qu'en voyant l'appétit y correspondre, les réflexions et les pensées, demeurées jusque-là dans le silence, s'échangèrent entre nous. Mais Dieu nous couvrait de sa douce protection. Nous étions surprises de nous voir encore capables de soutenir notre travail avec un pareil jeûne. Et, à treize ans de distance, je suis encore étonnée de voir qu'au milieu de tant de privations nous ayons pu remplir nos devoirs sans succomber. Et je dois ajouter que nous étions heureuses dans ce complet dénûment...

« Mais nous n'étions pas seules à souffrir, et, bien qu'il semble que je devrais me borner à notre propre histoire, celle des missionnaires, dont nous sommes les auxiliaires, se lie trop à la nôtre pour que je passe leurs privations sous silence. Les Pères étaient au même régime que nous, ainsi que les dévoués et infatigables Frères qui se livraient à de rudes travaux. Nos orphelins n'avaient pour toute nourriture qu'un peu de poisson sec et du lait. »

Rien de primitif comme l'installation d'un orphelinat à l'Ile à la Crosse et dans nos autres Missions du Nord-Ouest. Le même appartement sert de salle d'étude et de classe, de salle de récréation et de dortoir. On y dispose de petites couchettes à quatre étages, assez semblables aux cases d'une lingerie. Chaque soir, les orphelins y grimpent lestement et y dorment sur la planche comme des bienheureux. Les lits des missionnaires, sans être ainsi étagés, ne valent guère mieux. Tout le reste de leur installation est à l'avenant.

Lorsque Mgr Grandin vint à l'Ile à la Crosse, à la fin d'août 1868, y amenant le P. Légeard, ce vénéré Prélat, encore tout ému du malheur qui avait englouti dans les flots de la Saskatchewan le fruit de ses quêtes en Europe, fit part aux Sœurs de ses douloureuses impressions. « Triste et affaissé, dit l'auteur du journal, il craignait que manquant de ressources suffisantes, nous ne fussions obligées d'abandonner nos œuvres de charité. Mais Dieu voyait le désir que nous avions toutes de le faire connaître et aimer de tous les petits enfants sauvages. Il ne voulut pas nous soumettre à une aussi dure épreuve. D'ailleurs notre Mission ne portait-elle pas le cachet des œuvres de Dieu ? Le sceau de la Croix n'était-il pas empreint sur tous nos pas ? Un seul jour de notre vie de missionnaires s'était-il passé sans avoir reçu quelque parcelle de cette divine Croix ? Comment pourrait-elle, cette œuvre, ne pas survivre à tant de sacrifices ! Aussi, malgré les perplexités de notre saint Évêque, nous demeurâmes convaincues que Dieu nous voulait à l'Ile à la Crosse...

« Nous sommes en 1870 ; notre chère Sœur Dandurand, toujours faible de santé, consacrait tout son temps, ses forces et son industrie à l'entretien du linge et des hardes des missionnaires. Après les pertes que la Mission avait subies, le petit trousseau de chaque Père et de chaque Frère était mince, et la pauvre Sœur chargée du vestiaire passait son temps à mesurer et à calculer ses pièces...

« Cependant, en faisant l'aveu des misères et des privations de chaque année, je ne prétends pas les présenter au lecteur comme quelque chose d'héroïque. Non, mon récit, pour être vrai, doit mentionner ces souffrances ; je le fais en toute simplicité et j'oublie le passé !

« Donc, nous ne vivions que de la pêche en été. Cette saison était notre grand carême à nous. Matin et soir nous allions au bord du lac pour écailler le poisson. Cette dégoûtante besogne demande beaucoup de soin, et donne en conséquence beaucoup d'ouvrage. En hiver, la besogne est encore plus pénible. Il faut faire dégeler ce poisson au feu, et nous en écaillons parfois jusqu'à 140 pièces. Que ce chiffre n'effraye pas; car, outre les Sœurs, les filles, les serviteurs, etc., nous avons, en moyenne, une trentaine d'enfants à nourrir : petits estomacs sauvages qui dégustent avec un appétit sans pareil ce poisson sans assaisonnement, sans galettes, sans patates ; on ne parle pas de pain dans ce pays-ci, du moins à l'époque où nous sommes...

« Nous étions également obligées de faire nous-mêmes nos lavages, les femmes du pays étant retenues chez elles par le soin de leurs petits enfants. Mais la principale raison, c'est que la Mission n'avait pas le moyen de les payer...

« Au mois de juin de 1871, nous reçûmes quatre sacs de sel par les berges d'Athabaska. Quelle douceur! Jusque-là, nous avions été privées de ce condiment si nécessaire. Notre stricte pauvreté ne nous permettant que l'indispensable, et le sel coûtant assez cher, nous nous en privions le plus possible. Il y en avait toujours sur la table, mais dans la crainte d'en manquer absolument, personne n'y touchait. Une année, la Providence permit que notre part annuelle ne nous parvînt pas. Il nous fallut manger la viande et le poisson sans sel. Quand l'appétit manque ou que la maladie nous visite, c'est une dure mortification. »

On vivait cependant, et même on était content. L'auteur du journal termine par ces belles paroles :

« Confiantes en la divine Providence, nous nous gardions bien de nous inquiéter. Nous avions eu trop de marques de cette bienfaisante Providence, depuis treize ans, pour nous inquiéter désormais. En effet, que de fois le lac nous a refusé les quelques poissons que nous lui demandions pour soutenir nos forces épuisées ! Et cependant, par un secours ou par un autre, nous avions de quoi vivre. Que de fois, dans notre admiration, nous avons répété les belles paroles de notre vénérée fondatrice, Madame d'Youville : « *Toujours à la veille de manquer de tout, nous ne manquons jamais au moins du nécessaire.* »

Pour l'intelligence de ces touchants souvenirs, il est bon d'ajouter que les Sœurs, vivant aux frais de la Mission, et ayant la manutention de toutes les provisions, leur détresse reflétait fidèlement la détresse des missionnaires. Par là, on peut comprendre la portée de ce mot du P. Légeard à sa tante : « Il est impossible que vous ayez en France la moindre idée de la manière dont nous vivons ici. »

C'est de cette vie qu'il a vécu pendant dix ans, non seulement sans se plaindre, mais en se félicitant sans cesse de la part que Dieu lui avait faite, et en protestant du bonheur qu'il goûtait au milieu de tant d'épreuves et de privations, au point, disait-il, que si, après avoir expérimenté cette rude existence, Dieu l'avait laissé maître de choisir sa position, il n'eût pas hésité un instant à le supplier de le laisser à l'Ile à la Crosse, au milieu de ses chers sauvages.

Ajoutons encore qu'aujourd'hui, grâce aux perfectionnements de la ferme, et aux communications avec le Canada et l'Europe, rendues bien plus faciles par les chemins de fer qui sillonnent déjà le Nord-Ouest, et les bateaux à vapeur qui en remontent les rivières, les conditions de la vie matérielle se sont sensiblement améliorées. Ce n'est pas sans doute le bien-être tel qu'on le comprend en France, mais du moins le nécessaire est assuré. On peut manger du pain et moins sentir la pointe redoutable du *quid manducabimus, quid bibemus, quo operiemur?* (1) C'est un changement considérable dans les conditions économiques de ce pays, naguère encore si peu abordable.

Le P. Légeard n'en a pas profité. Il est mort avant que

(1) Que mangerons-nous ? Que boirons-nous ? De quoi nous habillerons-nous ? (Matth., VI, 31.)

ces progrès de la civilisation ne se produisissent. Il entrait dans les vues de la Providence qu'il exerçât sa foi, et développât sa vertu par le support courageux de ce que l'Amérique du Nord offrait alors aux missionnaires de plus âpre et de plus crucifiant.

CHAPITRE QUINZIÈME

Maladie du P. Légeard. — Il est guéri par l'entremise de la Bienheureuse Marguerite-Marie. — Contre-coup des malheurs de la France à l'Ile à la Crosse. — Mort du F. Dubé.

Cependant la santé du P. Légeard, qui jusqu'alors avait paru se fortifier, commença à décliner vers le milieu de 1871. Nous citons encore le journal des Sœurs grises : « Dans les premiers jours de juillet, ce bon Père qui, depuis plusieurs jours, ne s'acquittait qu'avec peine des exercices de son saint ministère, tomba sérieusement malade. Nous lui prodiguâmes nos soins et nos remèdes, mais la maladie fit de si rapides progrès que, le 11, il était réduit à la dernière extrémité. Le R. P. Legoff était allé faire une mission au portage la Loche, laissant le P. Légeard seul à l'Ile à la Crosse, avec deux Frères convers. Celui-ci, se voyant en face de la mort, envoya deux hommes en canot chercher son confrère, non sans regretter beaucoup d'interrompre sa mission et de lui faire manquer une bonne occasion de se perfectionner dans la connaissance de la langue montagnaise.

« C'était quelque chose de navrant que le spectacle de ce jeune et zélé missionnaire aux prises avec la mort, sans un prêtre pour l'assister et le consoler, lui qui, dans le cours de son ministère, avait adouci pour tant de mourants les horreurs et les angoisses de ce moment suprême. Mais que le calme et la résignation que possédait son âme dans cette extrémité était quelque chose de beau et de consolant ! Cependant le P. Legoff n'arrivait pas et le malade baissait toujours. Nous nous attendions à chaque instant à le voir expirer. »

Interrompons ici le journal pour citer le propre témoignage du P. Légeard :

« Dès le commencement, dit-il, Dieu me fit la grâce de comprendre la gravité de ma maladie. On avait beau me donner des remèdes : « c'est inutile, disais-je, je m'en vais, c'est fini. » Je fis alors mon acte de résignation, j'unis mes dispositions à celles de Jésus mourant sur la Croix, seul et abandonné de tous, et j'attendis tranquillement la mort (1) ».

« Dans la journée du 12, reprend le journal, le malade ayant recouvré sa connaissance, nous fîmes approcher tous les enfants de l'école et quelques personnes du fort. Le bon Frère Némoz souleva le bras du Père pour qu'il les bénît.

« Enfin, bien tard dans la soirée, le P. Legoff arriva, épuisé de fatigue, ayant ramé pendant quarante heures. Il s'empressa d'administrer les derniers sacrements à son Supérieur. »

« Le lendemain, jeudi, écrit le P. Légeard, comme je me trouvais plus mal encore, on me récita les prières des agonisants. Déjà mes yeux vitrés ne distinguaient presque plus rien, mes pieds étaient froids, le râle de l'agonie se faisait entendre dans ma gorge ; mes mains agitées attiraient et ramassaient tout ce qui était sur mon lit. Encore quelques instants, et j'allais quitter cette triste terre. Mais telle n'était pas la volonté de Dieu ! Connaissant ma dévotion pour la Bienheureuse Marguerite-Marie, qui m'avait déjà guéri une fois et obtenu bien d'autres grâces encore, on me demanda si je voulais qu'on la priât pour moi afin qu'elle m'obtînt ma guérison, si cela pouvait contribuer à hâter sa canonisation. Je fis signe que oui. Une neuvaine fut aussitôt

(1) Lettre à son oncle, 9 décembre 1871.

commencée. Tout le personnel de la Mission s'y associa avec ardeur. Les gens du fort donnèrent les honoraires d'un bon nombre de messes. Pendant près d'une semaine encore, je fus entre la vie et la mort, ne pouvant faire presque aucun mouvement et dévoré par la fièvre. Mais pourtant, il y avait un arrêt sensible de la maladie. Quand j'étais trop agité, on me récitait les litanies de ma chère Bienheureuse, et aussitôt je me calmais, m'a dit depuis la Sœur Supérieure. Enfin, je pris le dessus, mais ma convalescence a été longue. Le 25 août, anniversaire de ma naissance, j'assistai pour la première fois à la messe (1). »

Ce jour-là même, Mgr Grandin arrivait à la Mission, plein d'inquiétude pour son cher missionnaire, dont un sauvage lui avait, plusieurs jours auparavant, fait connaître le triste état. Grande fut son émotion en le revoyant, mais grande aussi sa reconnaissance en apprenant le fervent recours à la Bienheureuse Marguerite-Marie, devant lequel la maladie semblait s'être arrêtée.

Cette visite du saint Évêque fut toute de consolation pour la Mission, que le danger couru par le P. Légeard avait plongée dans la tristesse. Celui-ci fit ses premières sorties de convalescence appuyé sur le bras de Monseigneur. Il voulut dire la Messe le 6 septembre, mais il eut bien de la peine à aller jusqu'au bout. Monseigneur était à son prie-Dieu, tout habillé, prêt à lui porter secours en cas de besoin.

Ce vénéré prélat reprit la route de Saint-Albert le 18 septembre. « Je pus l'accompagner en bateau à sept lieues d'ici, dit le P. Légeard, jusqu'au fond d'une grande baie où débouche le chemin qui mène à la prairie. J'étais bien faible encore. Je n'ai pu dire mon office entier que dans le mois d'octobre. Actuellement je suis bien. Je n'ai cependant pas encore retrouvé mes forces premières, en sorte que je ne puis ni chanter la grand'messe, ni prêcher à l'église. J'espère que je pourrai le faire bientôt.

« Pour remercier la Bienheureuse Marguerite-Marie de

(1) Lettre du 9 décembre 1871.

m'avoir arraché à la mort, Monseigneur nous a permis de donner la Bénédiction du Très-Saint-Sacrement tous les ans, le jour de sa fête, tant que je serai chargé de la mission de l'Ile à la Crosse. Cette fête étant arrivée au mois de novembre, nous l'avons célébrée solennellement. La chapelle des Sœurs avait été ornée comme aux plus grands jours de fête. Il y a eu cantiques et musique pendant les deux messes. Les enfants de l'école ont eu congé toute la journée. Enfin un salut solennel à la grande église a dignement clôturé la fête.

« J'espère, mon cher Oncle, que vous voudrez bien vous unir à moi pour remercier Notre-Seigneur de toutes les grâces qu'il m'a accordées par la fidèle amante de son Sacré-Cœur, et aussi pour demander à cette chère Bienheureuse de veiller toujours sur moi, et de m'obtenir tout ce dont j'ai besoin, comme elle l'a fait déjà bien des fois depuis quelques années (1). »

Le P. Légeard nous ouvre dans ces lignes une belle éclaircie sur les secrets de sa piété. Comme il comprenait bien la communion des saints ! et comme il savait divinement exploiter, dans son culte pour la bienheureuse Marguerite-Marie, les trésors de céleste compatissance et de charité, que Dieu met au cœur des saints du ciel pour leurs amis de la terre !

Par le courrier d'été, en 1871, arrivèrent à l'Ile à la Crosse les premières nouvelles des affreux désastres dont la guerre avait accablé la France. Nos missionnaires en conçurent une douleur poignante, où les angoisses de leur patriotisme se confondaient avec les cruelles sollicitudes qu'éveillait l'avenir de leurs missions. La France est si étroitement liée à l'évangélisation du monde, que sans elle, on peut à peine concevoir la continuation des grandes œuvres de l'apostolat catholique.

« Pauvre France ! écrivait le P. Légeard, comme elle a été punie ! Mais hélas ! si les choses ne s'arrangent pas, que vont devenir nos pauvres missions ? Car, au milieu de tous

(1) Lettre du 9 décembre 1871.

ces bouleversements, ne pouvons-nous pas craindre que l'Œuvre de la Propagation de la foi n'ait sombré comme tant d'autres ? Nous espérons cependant que la Providence ne nous abandonnera pas (1) ».

Ces appréhensions ne se sont pas réalisées. Malgré les coups terribles que lui ont portés la guerre étrangère et la guerre civile, la France a continué de soutenir de ses missionnaires et de ses subsides la propagation de l'évangile, et n'a pas interrompu un seul instant la grande mission de prosélytisme universel dont Dieu l'a investie. Ayons confiance qu'en dépit de l'esprit de révolte et d'impiété dont la Révolution a empoisonné son noble sang, cela lui vaudra de demeurer la fille aînée de l'Église, la tête des nations et l'édification du monde.

En prenant la direction de l'Ile à la Crosse, le P. Légeard était devenu le père d'une nombreuse famille de nécessiteux et d'orphelins. La vue de tant de bouches à nourrir ne lui laissait pas un instant de repos. Tout faible encore des suites de sa maladie, il écrivait de nombreuses lettres en France pour tendre la main en exposant ses besoins présents et ses sollicitudes pour l'avenir. Ses demandes étaient ordinairement bien accueillies ; de nombreuses personnes, qui en recevaient la confidence, donnaient, les unes de l'argent les autres des objets en nature, et chaque année voyait arriver à l'Ile à la Crosse un réconfort qui y portait, avec une aisance relative, la joie et la reconnaissance la plus vive.

Aussi, comme on y priait avec ferveur pour les bienfaiteurs connus ou inconnus dont la charité savait si bien franchir les deux mille lieues qui les séparaient de la Mission de Saint-Jean-Baptiste ! L'âme si pleine de foi du P. Légeard passait alors en quelque sorte dans le personnel de la Mission, et donnait à ses actions de grâces un accent extraordinairement pénétrant.

Le commencement de l'année 1872 fut marqué par un sensible déclin dans la santé du bon F. Dubé, que vingt-trois

(1) Lettre du 9 décembre 1871.

années d'un admirable dévouement dans le Nord-Ouest avaient ruinée. On put dès lors prévoir sa fin prochaine. En effet, cet excellent religieux, vrai père des orphelins à l'Ile à la Crosse, s'endormit du sommeil des justes le 29 avril. Mgr Grandin avait écrit de lui, le 15 août 1870, ces lignes que nous sommes heureux de reproduire comme son plus bel éloge funèbre.

« Notre vieux F. Dubé, que je craignais de ne plus retrouver en ce monde, est toujours chargé des petits garçons quand ils ne sont pas en classe. Je crois que si l'on voulait hâter sa mort, il n'y aurait qu'à lui enlever ces enfants. Il ne marche plus qu'à l'aide de bâtons ; il ressemble à un cadavre ambulant, et cependant il se fait encore craindre et respecter de ses enfants. Son unique désir est de vivre pour eux, de mourir au milieu d'eux, et de reposer à côté de ceux qui l'ont précédé dans l'éternité (1). »

« Si le Frère Dubé avait eu voix au chapitre, écrit ailleurs Mgr de Saint-Albert, nous aurions pris à notre charge tous les petits enfants sans exception. Son zèle, sous ce rapport, ne connaissait pas de mesure. Il ne pouvait pas supporter qu'on refusât de recevoir des enfants faute de ressources. Il trouvait que nous n'avions pas assez confiance en la Providence. Lors de ma dernière visite à l'Ile à la Crosse, quoiqu'il fût déjà gravement malade, il fit des instances auprès de moi pour obliger le P. Légeard à prendre un plus grand nombre d'enfants. Un jour, il m'appela dans sa chambre, qui était en même temps le dortoir et la salle de récréation des petits garçons : « Voilà, dit-il en me montrant des lits vacants, voilà toute la cause de mon mal. » Deux de ces petits garçons étant morts, il demanda et obtint qu'ils fussent enterrés l'un à côté de l'autre, réservant cependant, entre les deux, une place pour lui-même. C'est en effet, entre ces deux orphelins que ses restes reposent, et je ne doute pas qu'il ne jouisse avec eux du bonheur du ciel.

(1) Missions, XI, 188.

« Dans un de mes voyages, je reçus une lettre d'un des enfants que le bon Frère avait élevés avec tant d'amour et qui était devenu grand. Il me disait : « Je ne vis plus aussi bien depuis la mort du Frère Dubé : il me prêchait toujours et me forçait à bien vivre ».

« Le Frère Dubé a été dans la Congrégation plus de vingt-cinq ans, et il en a passé vingt-trois dans nos missions du Nord. Il s'y est usé pour la gloire de Dieu, dans une position bien humble, mais bien méritoire. Par ses habitudes laborieuses et son grand esprit d'économie, il a été pour beaucoup dans l'aisance relative qui règne aujourd'hui à notre Mission de l'Ile à la Crosse. Il n'a jamais recherché d'autres récompenses que celles de Dieu ; il n'aura pas été trompé dans son attente (1). »

CHAPITRE SEIZIEME

Incidents divers à l'Ile à la Crosse. — Une Sœur guérie par l'intercession de la Bienheureuse Marguerite-Marie. — Examen solennel de l'école par les officiers de la Compagnie.

La mort du saint Frère Dubé laissait à l'Ile à la Crosse un vide universellement senti. Plus que personne le P. Légeard en subit les conséquences immédiates. Ne pouvant ajouter la surveillance des enfants aux fonctions du saint ministère et à l'administration du temporel, il résolut, à son grand regret, de rendre les petits garçons à leurs parents et de ne les recevoir qu'à titre d'externes. Mais il tenait trop à les voir venir en classe pour les laisser à leur liberté. Il

(1) Notices nécrol., II, 416.

s'imposa la tâche d'aller les chercher tous les matins, souvent par les plus mauvais temps et les chemins les plus affreux. Rien ne lui coûtait quand le sort de sa chère école était en jeu. Dieu abrégea heureusement la durée de cette pénible situation. Le P. Doucet arriva de Saint-Albert, le 13 juin, pour remplacer le F. Dubé à l'orphelinat, et les enfants purent reprendre leur place à la Mission.

Le lendemain, arrivait aussi le F. Bowes, que Mgr Grandin envoyait pour réparer le désastre du 1er mars 1867. Il se mit immédiatement à préparer le bois pour la nouvelle construction. Mais l'ouvrage avançait lentement, car le bon Frère était presque toujours seul. On le voyait travailler du matin au soir, ne disant rien, ne demandant pas d'aide, et acceptant, avec une soumission sans égale, tout ce qui lui arrivait de peines, de fatigues, de contre-temps.

Le 2 octobre 1872, Mgr Grandin arriva inopinément à l'Ile à la Crosse, à onze heures du soir. C'était le temps où les Montagnais y étaient réunis en grand nombre pour la mission d'automne que le P. Legoff leur donnait. Dès le lendemain, le zélé prélat se mit à l'œuvre des prédications et des confessions. Il fallait se hâter; car le froid commençait à venir, et Monseigneur était pressé de repartir. Les sauvages ne l'étaient pas moins de regagner leurs quartiers respectifs.

Sa Grandeur se rembarqua le 10, sur un petit canot d'écorce, après avoir fait le plus grand bien durant son rapide passage, encouragé et consolé tout le monde. Mais il aurait eu besoin d'être consolé lui-même. L'aspect du P. Légeard, faible, languissant, mangeant à peine et ne pouvant garder aucune nourriture; et du P. Doucet qui relevait d'une grosse maladie et semblait vouloir suivre un si fâcheux exemple, attristait son cœur sensible et le remplissait d'inquiétudes pour l'avenir de la Mission. « L'état sanitaire, écrivait-il ensuite à Paris, ne m'a nullement satisfait. Nos chers Frères convers eux-mêmes s'imaginent devoir suivre les errements des Pères. J'ai peine à m'expliquer cette mauvaise santé, car la nourriture est confortable, comparativement à ce qu'elle était autrefois. Serait-ce que le départ du

F. Dubé pour le ciel leur aurait donné l'envie de s'acheminer à la même destination?

« Cependant, malgré toutes ces maladies, plus qu'ailleurs intempestives, on travaille; les missions sont données, et l'on a enfin entrepris de reconstruire l'établissement détruit par l'incendie. Malheureusement, le F. Bowes est seul. Le F. Nemoz, employé aux travaux de la ferme, ne lui était d'aucun secours. Et de peur d'augmenter les dépenses, on s'interdisait de prendre des serviteurs. J'en ai jugé autrement. Le F. Nemoz ayant de l'aptitude pour travailler le bois, j'ai décidé qu'il valait mieux faire faire son ouvrage par des étrangers à prix d'argent, et l'adjoindre au F. Bowes, dût la ferme en souffrir quelque temps.

« Le 10 octobre, après-midi, j'embrassais nos chers Pères et Frères, avec la pensée pénible que peut-être, quand je reviendrais, je ne trouverais plus le pauvre P. Légeard. Le P. Doucet lui-même m'inspirait des inquiétudes. Dans mon esprit, je les recommandai tous au bon Dieu (1). »

Tel était, à cette époque, l'état peu consolant de notre communauté de l'Ile à la Crosse. Mais si la santé n'y était pas brillante, le courage, du moins, n'y faisait pas défaut. Tous, Pères et Frères, ne demandaient qu'à payer de leur personne et à se dévouer.

Le P. Doucet partit le 13 novembre pour se rendre au lac Canot, Mission de la Bienheureuse Marguerite-Marie, et y passa quelques semaines.

Dans ce même mois de novembre eut lieu un événement qui fut comme un sourire du ciel sur le fond quelque peu sombre de la Mission. L'une des religieuses, sœur du malheureux Riel, dont le nom vient d'avoir un si triste retentissement en Amérique, fut prise d'une fluxion de poitrine et tomba bientôt à toute extrémité. Elle avait reçu les derniers sacrements, et tout faisait prévoir sa fin prochaine. On se souvint alors du grand moyen qui, l'année précédente, avait arraché le P. Légeard à une mort certaine. On suggéra à la

(1) Missions, XII, 495.

malade de faire une promesse au Sacré-Cœur de Jésus afin d'obtenir sa guérison par l'entremise de la Bienheureuse Marguerite-Marie ; ce qu'elle fit avec ferveur. On lui fit avaler quelques parcelles d'une relique de la fidèle amante du Cœur de Jésus. Aussitôt après, elle dit qu'elle ne souffrait plus. C'était le 23 novembre. Le lendemain, dimanche, elle se leva pour entendre la messe, y fit la sainte communion, et assista toute la journée aux offices de l'église. Le lundi, 25, elle était à l'ouvrage comme ses compagnes, ayant même repris dès la veille ses fonctions de sacristine. En reconnaissance d'une guérison si frappante, elle obtint de ses supérieurs la permission de porter le nom de Sœur Marguerite-Marie. Elle est morte saintement à l'Ile à la Crosse onze ans après, le 27 décembre 1883.

On devine la joie dont le cœur du P. Légeard fut inondé par cette guérison « qu'on peut bien appeler miraculeuse », disait-il, et qui répandait une si radieuse gloire sur le nom de sa chère Bienheureuse.

« Le 25 décembre au soir, le P. Legoff chaussait ses raquettes et partait pour aller, à 15 ou 18 lieues, voir un malade de la tribu des Montagnais, qui réclamait le secours de son ministère. C'était le commencement d'une série de voyages qui se sont répétés plusieurs fois durant l'hiver, tant pour le P. Legoff que pour le P. Doucet. Je crois, dit le P. Légeard, que depuis mon arrivée dans le pays, les Pères n'ont jamais été appelés si souvent en hiver pour administrer les mourants éloignés de la Mission (1). »

Dans le courant de janvier 1873, on reçut la visite de l'honorable M. W. Christie, inspecteur de tous les districts de la Compagnie de la baie d'Hudson, situés dans le Nord. Ce Monsieur, précédemment officier du fort Edmonton, près Saint-Albert, arrivait du fort Simpson (rivière Mackenzie), en route pour la Rivière Rouge. Quoique protestant, il s'était toujours montré l'ami de nos Pères, partout où il les avait rencontrés, et maintes fois il leur avait rendu de grands

(1) Missions, XII, 530.

services. Aussi, dans le cours de son inspection, avait-il été reçu partout dans nos Missions avec tous les honneurs possibles, comme il se plaisait à le reconnaître.

Laissons ici la parole au P. Légeard :

« Connaissant l'intérêt que M. Christie portait à nos écoles, nous fîmes subir un examen à nos enfants, en sa présence, et devant plusieurs autres officiers de la Compagnie, qui s'étaient empressés de répondre à notre invitation, tels que MM. Mac Farlane, bourgeois d'Athabaska, Mac Murray, bourgeois de l'Ile à la Crosse, Mac Kenzie, Cumming, Deschambault, etc., tous bien connus de nos missionnaires du Nord. Un théâtre, convenablement décoré, avait été élevé dans la classe. L'examen, entremêlé de chants en anglais et en français, parut plaire beaucoup à ces bons Messieurs. Ce qui les frappa surtout, ce furent les connaissances en géographie et en arithmétique de deux petits garçons, l'un Métis, l'autre Montagnais. La séance se termina par une cantate en l'honneur de l'illustre visiteur. Puis, une orpheline montagnaise infirme, Isabelle Beketla, s'avança pour complimenter M. Christie. Ce compliment tira des larmes à tous les assistants. M. l'inspecteur se levant alors, demanda au Père Supérieur la permission d'adresser quelques paroles à ces chers enfants. Il s'exprima en français, et bien que ce ne fût pas sa langue maternelle, il fit un excellent discours pour remercier les Missionnaires de tous les honneurs qu'ils voulaient bien lui rendre, pour les assurer de son dévoûment, et surtout pour faire comprendre aux enfants l'avantage de l'instruction. Non content de donner à ceux-ci de sages conseils, il s'appliqua à leur faire apprécier le dévoûment des Missionnaires et des Sœurs, qui quittent parents et patrie pour venir dans ces pays lointains se consacrer à les instruire.

« Ce discours nous fit grand plaisir. Nos Métis sont si enfants, si incultes encore, qu'ils n'attachent pas grande importance à l'instruction. Nous avons beau pérorer sur ce sujet, tout naturellement ils sont portés à croire que nous parlons pour nous-mêmes. Mais quand ils voient un personnage, le plus haut placé du pays, quand ils l'entendent parler comme nous, cela les fait réfléchir au prix de l'éducation. Aussi, le plus souvent, quand les officiers de la Compagnie passent ici, nous en profitons pour faire subir un examen solennel à nos enfants. Ces examens ont beaucoup contribué à donner à notre école de l'Ile à la Crosse la réputation dont elle jouit dans tout le Nord.

« Au sortir de la séance, M. l'Inspecteur, avec tous les messieurs qui l'accompagnaient, alla rendre visite aux Sœurs. Il se montra très aimable, très satisfait de l'examen auquel il venait d'assister, et partit en laissant à la Révérende Sœur Supérieure un billet de 5 livres sterling (125 francs) pour les orphelins (1). »

CHAPITRE DIX-SEPTIÈME

Suite du ministère à l'Ile à la Crosse. — Épreuves et consolations.

Le 10 février, tous les Pères et Frères étant réunis, on commença la retraite annuelle, qui se termina le 17, anniversaire de l'Approbation de nos saintes Règles.

Le 31 mars, le P. Doucet revenait au lac Canot pour y passer les fêtes de Pâques. Il était de retour le 14 avril. Mais, huit jours après, le P. Legoff partait à son tour pour aller visiter quelques familles montagnaises, à l'autre extrémité du lac, et revenait le 5 mai, sur les dernières glaces.

« Cette année, dit le P. Légeard, nous n'avons été débarrassés de la glace que très tard; c'est le 29 mai qu'elle

(1) Missions XII, 531.

a disparu complètement. Ce jour-là même plusieurs familles sauvages nous arrivaient pour la mission du printemps. Dès le premier juin, les exercices commencèrent, d'abord pour les Cris, ensuite pour les Montagnais, ceux-ci étant arrivés plus tard que les premiers.

« Le 15, jour de la fête du Saint-Sacrement, notre église pouvait à peine contenir tous les sauvages. Cette mission a été une des plus belles que j'aie vues depuis mon arrivée à l'Ile à la Crosse. L'eau étant très haute et ayant inondé les terrains qui avoisinent l'église du côté où les Montagnais campaient ordinairement, les sauvages qui trop souvent plantaient leurs loges de côté et d'autre dans les bois, se virent forcés de se grouper en masse autour de la Mission, ce qui favorisa leur assiduité aux exercices.

« Le P. Legoff était chargé des Montagnais; le P. Doucet et moi nous nous occupions des Cris. Mais comme les premiers étaient de beaucoup les plus nombreux, tout en donnant la mission aux Cris, de concert avec le P. Doucet, je faisais tous les jours le catéchisme aux enfants montagnais, ce qui diminuait d'autant la besogne du P. Legoff, assez occupé à entendre la confession de ses nombreux sauvages.

« Malheureusement, l'inondation, en couvrant une partie des chemins autour de la Mission, ne nous a permis de faire aucune procession hors de l'église, comme cela s'est fait quelquefois. Cette mission nous a donné bien des consolations. Il y a eu des jours où nous avions une centaine d'enfants au catéchisme, Cris ou Montagnais. Nous avons baptisé plusieurs adultes appartenant à l'une ou à l'autre de ces deux tribus.

« Après quelques jours de repos, le P. Legoff partait pour le portage la Loche, à 50 ou 60 lieues d'ici, au Nord, afin d'y donner la mission aux nombreux Montagnais qui s'y trouvent. Il fut de retour le 11 août. Mais déjà le P. Doucet s'était dirigé vers le lac Vert, à peu près à égale distance, au Sud, et ne revenait que le 26, après avoir satisfait les besoins religieux des catholiques de cet endroit.

« La mission d'automne, qui commençait ordinairement

vers le milieu de septembre, a été presque nulle cette année. Les Cris ne sont pas venus, ni la plus grande partie des Montagnais. Cela tient aux nouveaux règlements mis en vigueur par la Compagnie. Les Indiens, prévenus qu'il ne leur serait plus fait de crédit, et la chasse ayant été à peu près nulle à cause de l'inondation, se sont trouvés sans fourrures, et n'osant pas se présenter au fort les mains vides, ils ne sont pas venus pour la plupart, ce qui a fait manquer la mission.

« Sur ces entrefaites, le P. Doucet revenait au lac Vert. A son dernier voyage, il n'avait pu voir que les Métis, aucun sauvage ne s'y trouvant alors. Sachant que plusieurs sauvages désiraient le prêtre, et regrettant d'ailleurs l'abandon où cette mission était restée depuis longtemps, je lui donnai son obédience, et le 27 septembre, il partit en canot d'écorce, conduit par deux Cris de l'Ile à la Crosse. La saison étant déjà assez avancée, il n'a pu y rester que jusqu'au 18 octobre.

« Le P. Legoff n'attendait que le retour du P. Doucet pour aller passer quelques semaines encore avec ses Montagnais, à l'autre bout du lac.

« Par ce petit résumé, conclut le P. Légeard, on voit que les missionnaires de l'Ile à la Crosse ne sont pas restés inactifs pendant cette année. Jamais, je crois, depuis que je suis ici, les voyages n'ont été si nombreux. »

Puis il ajoute, avec une tristesse pleine d'humilité : « Quant à moi, comme un paresseux, j'ai gardé la maison tout le temps, les deux autres Pères se chargeant avec empressement de tout le travail extérieur, et cherchant à m'épargner la fatigue, autant que cela est en leur pouvoir. Que Dieu daigne les en récompenser au centuple (1) ! »

Ces dernières lignes nous montrent notre pauvre P. Légeard enchaîné dans son zèle par les suites de sa grande maladie, et condamné à garder la résidence en face de tant de pauvres sauvages à affermir dans la foi, et de tant d'autres encore infidèles, mais gravitant vers notre sainte religion et qu'il

(1) Missions, XII, 532.

fallait convertir. Grâce à la condescendance de Dieu et de ses Supérieurs, il pouvait du moins se reposer sur ses deux confrères, missionnaires aussi intrépides que religieux fervents et réguliers : le P. Legoff, l'apôtre des Montagnais, demeuré toujours fidèle à cette tribu dont il possède admirablement la langue ; le P. Doucet, enfant de Notre-Dame de Cléry, aimé de tous dans le vicariat de Saint-Albert, digne de cette affection par sa bonté inaltérable et la fermeté tranquille de son dévoûment, devenu depuis quelques années l'apôtre des Pieds Noirs, dont l'endurcissement doit lui faire souvent regretter les beaux jours de l'Ile à la Crosse.

Quant aux travaux matériels de la Mission, il y était pourvu par les Frères Bowes et Némoz, dont les noms sont en bénédiction dans nos Missions du Nord, et par le Frère Grézeau qui malheureusement n'a pas persévéré. Impossible de dire l'abnégation et l'ardeur avec lesquelles ces bons Frères se multipliaient pour faire marcher la ferme, avancer les constructions en chantier et ne rien laisser en souffrance. Ils se donnaient à l'ouvrage sans compter avec la fatigue ni avec le danger, aussi prodigues de leur santé qu'indifférents aux répugnances de la nature. L'inondation dont il a été parlé plus haut, ayant fait craindre en automne qu'il ne fallût tuer la moitié des bêtes à cornes, faute de fourrages, le Frère Némoz réussit à recueillir assez de foin pour les nourrir durant l'hiver ; mais au prix de quelles peines ! Il lui fallut, aidé de deux hommes, « faucher dans l'eau à la glace jusqu'aux genoux, et transporter le foin plus loin, dans des endroits moins inondés, pour le faire sécher. Pour récompense, il hérita d'un rhumatisme dont il a souffert longtemps (1). »

Du côté de sa Communauté, le P. Légeard n'avait donc qu'édification et contentement. Il en avait besoin pour se consoler de ne pouvoir personnellement prendre toute la part qu'il aurait voulu à tant de travaux.

Un second dédommagement non moins goûté lui venait du bel état de sa chère Mission de Saint-Jean-Baptiste.

(1) Journal des Sœurs Grises.

« Cette Mission, écrivait-il, pourrait, je pense, marcher de pair avec bien des paroisses de France où fleurit la piété! En temps ordinaire, nous n'avons ici, outre les Sœurs et les enfants de l'école, que les serviteurs de la Compagnie et quelques familles métisses ou sauvages, fixées autour de la Mission. Les offices se font régulièrement comme dans une paroisse. Le dimanche matin, à la grand'messe, il y a sermon en français; le soir, avant le salut, sermon en Cris. Tous les premiers jeudis du mois, nous avons la messe devant le Saint-Sacrement exposé. Les premiers vendredis du mois, bénédiction du Saint-Sacrement en l'honneur du Sacré-Cœur. Par une faveur bien précieuse que nous a accordée Monseigneur, tous les jours du mois de saint Joseph et du mois de Marie, nous avons la bénédiction du Saint-Sacrement. Pendant le Carême, le Chemin de la Croix se fait tous les vendredis, et tout notre monde y assiste fidèlement. Il est même passé en usage que, pendant ce saint temps de pénitence, le chapelet se récite en famille tous les soirs. On a aussi une grande dévotion pour les âmes du purgatoire. Cette année surtout, je suis très satisfait de tout notre monde. Les sacrements sont assez fréquentés, nous avons même un certain nombre de personnes qui communient tous les mois. Enfin, je crois pouvoir dire qu'il y a lieu d'être content de nos chrétiens de l'Ile à la Crosse.

« Notre école va toujours bien. Elle compte actuellement trente enfants, garçons ou filles, tous internes. Nous voudrions bien en recevoir davantage, mais le local et les ressources nous manquent.

« Non seulement l'école s'est maintenue, mais elle a progressé. Au lieu d'une institutrice, nous en avons deux, une pour le français, l'autre pour l'anglais; car, depuis la rentrée des classes, on enseigne l'anglais à nos enfants. Depuis longtemps nous le désirions tous, mais nous n'en avions pas les moyens. L'honorable M. Christie, en passant à Montréal, après sa visite ici, représenta à la Supérieure Générale des Sœurs Grises la nécessité de l'anglais dans ce pays, et obtint que l'enseignement de cette langue ferait désormais partie du programme de nos classes (1). »

Ces détails, empruntés à la correspondance du P. Légeard avec la Congrégation, appartiennent à l'histoire de ce pieux missionnaire. Il ne se doutait pas, en les écrivant, qu'on s'en servirait après sa mort pour faire ressortir les vertus apostoliques par lesquelles il a tant contribué à mettre sur un si bon pied la Mission de l'Ile à la Crosse. Il ne s'attribue rien dans ce beau résultat. C'est l'habitude des saints de cacher leurs œuvres, de dissimuler leurs mérites et de ne mettre volontiers en relief que ce qu'ils appellent leurs misères. Mais c'est l'habitude de Dieu de faire servir à leur glorification les industries de leur humilité. Aujourd'hui encore il n'y a qu'une voix à l'Ile à la Crosse pour rendre témoignage de la grande influence que le P. Légeard y a exercée malgré sa mauvaise santé, pour proclamer le bien immense qu'il y a fait, et pour dire la reconnaissance inaltérable qu'il s'y est acquise.

Tout cependant n'allait pas au gré de ses désirs. A côté de ses meilleures joies, il y avait toujours une part considérable de peines et de sollicitudes. Elle lui venait, par exemple, de l'état habituellement besoigneux du temporel, qu'aggravaient souvent l'insuffisance des récoltes, les chances malheureuses de la pêche, l'inclémence du temps et d'assez fréquents accidents.

C'est ainsi qu'à ce point de vue, il note l'année 1873 comme l'une des plus mauvaises qu'on eût vues depuis longtemps. La pêche n'avait pas été bonne en hiver, et presque nulle au printemps et en été. Une inondation extraordinaire avait dégradé les chemins, renversé les clôtures, et miné le rivage du lac devant la Mission, au point d'inspirer des craintes sérieuses pour les habitations. Le blé était à peine mûr au 15 septembre. L'orge n'avait pas rapporté plus de deux pour un. On avait récolté une belle provision de pommes de terre, mais la gelée en détruisit une partie. Enfin la pêche d'au-

(1) Missions XII, 536.

tomne manqua complètement par suite des glaces trop précoces.

Devant cette série de mécomptes, et sous le coup de si pressants besoins, une âme de trempe médiocre se serait découragée. Le P. Légeard, lui, était sans doute un économe trop soigneux de ses ressources, un père trop jaloux du bonheur de ses enfants, pour ne pas ressentir des épreuves qui pouvaient compromettre la marche de la Mission. Mais il se disait qu'après tout il faisait l'œuvre de Dieu, et il avait la ferme confiance que de ce côté il ne serait jamais réduit à l'impossible. Sous son impulsion, tout le monde autour de lui travaillait comme si l'on avait tout attendu des fruits de la terre et des eaux du lac ; mais en même temps, par de continuelles et ferventes prières, on se tournait vers le ciel comme vers la seule source assurée du pain de chaque jour.

On vivait ainsi dans la pratique d'une tendre et ferme foi en la Providence, et la Providence daignait montrer de mille manières combien lui était chère la petite colonie de l'Ile à la Crosse. Que de secours inespérés y arrivaient, souvent aux heures les plus anxieuses ! Que d'encouragements efficaces venus par les voies les plus discrètes ! Et que de fois le Supérieur de la Mission s'est vu généreusement tiré de peine par des bienfaiteurs sur lesquels il n'avait jamais compté ! C'était pour son esprit de foi un aliment délicieusement goûté. Et comme il savait en nourrir la piété de ses enfants et de ses chrétiens ! C'est dans ces circonstances qu'il écrivait à sa tante :

« Je suis toujours heureux et content d'être ici, et le plus grand sacrifice qu'on pourrait m'imposer serait de me rappeler en France (1). »

(1) Lettre du 5 février 1873.

CHAPITRE DIX-HUITIÈME

Nouvelles infirmités du P. Légeard. — Il obtient d'être relevé de la charge de Supérieur. — Lettre à sa nièce.

Nous sommes en 1874. Pendant tout le mois de janvier, la communauté put tout entière goûter à la Mission les joies de la vie de famille. Le P. Legoff seul eut à faire un voyage de quatre à cinq jours pour aller voir un malade.

On se prépara, comme les années précédentes, à la fête d 17 février, par les exercices de la retraite annuelle. Durant cet hiver, nos Frères soutinrent un rude travail en allant au loin équarrir des arbres et préparer du bois de chauffage. On les voyait revenir, à la fin de la semaine, le visage brûlé par le froid, le vent et la neige.

Vers la fin de février, le P. Légeard, qui souffrait depuis longtemps de dartres vives aux deux jambes, dut entrer à l'infirmerie et se soumettre à un traitement. Il voulut quand même dire la Messe le lendemain, mais ses jambes refusèren de le porter. Il n'eut cette consolation que le saint jour de Pâques ; et, quoique souffrant beaucoup, il voulut, ce jour-là, dans l'après-midi, se rendre à l'harmonium pour accompagner le salut. Mais cet effort parut l'accabler et il se vit de nouveau dans l'impossibilité de monter à l'autel. Il eut recours alors à son grand moyen.

« A la fin d'avril, dit-il, les choses allant de mal en pis, je commençai une neuvaine à la Bienheureuse Marguerite-Marie. Dès le sixième jour, je pus dire la sainte Messe ; le neuvième je pus également la dire, et depuis, j'ai toujours célébré.

« Demandez au Sacré-Cœur qu'il nous protège, ajoute-t-il. Ici, nous l'aimons tant ! Nous mettons tout notre espoir en Lui. Il n'y a pas maintenant une seule maison à l'Ile à la Crosse où l'on ne voie son image. Nous voulons même que chaque famille sauvage en ait une, afin que ce divin Cœur nous garde tous et nous comble de bénédictions.

« Il faut dire aussi que nous sommes un peu ses enfants gâtés. Cette année, on nous a envoyé de la Visitation de Paray-le-Monial, une relique bien insigne : c'est la première lampe qui ait brûlé devant le premier autel érigé au Sacré-Cœur, dans la petite chapelle construite sur le lieu des célèbres apparitions de ce divin Cœur à la Bienheureuse Marguerite-Marie, et du vivant même de cette chère Bienheureuse. Elle est destinée à ma petite Mission du lac Canot (1). »

Le lundi de Pâques, 6 avril, le P. Legoff partait avec quelques Montagnais pour se rendre au Lac Froid, mission de Saint-Raphaël, à cinq ou six jours de marche. Quelques désordres s'étaient produits dans cette mission. C'était pour y porter remède que le Père entreprenait ce voyage à l'époque du dégel, la plus désagréable de l'année. Le 24, il était de retour, harassé de fatigue, ce qui ne l'empêchait pas de repartir le lendemain pour un voyage de sept jours, afin d'aller voir un malade.

« Tous ces voyages commençaient à altérer la santé de ce Père, disait le P. Légeard, mais rien ne l'arrêtait, et quand on le demandait, il était toujours prêt (2). »

Vers la fin de mai eut lieu un évènement qui fit le plus grand honneur à l'esprit d'initiative et au savoir-faire du F. Bowes. Ce bon Frère travaillait sans cesse à la maison neuve que devaient habiter les Sœurs. N'ayant pas de chaux pour les enduits, il eut l'idée de construire un four à chaux ; grande entreprise que le ciel bénit et couronna d'un plein succès.

Depuis longtemps, le P. Légeard faisait ramasser une à une, sur les bords du lac et dans les champs, les pierres à chaux qu'on y trouvait isolées çà et là. Quant le four fut

(1) Lettre à son oncle, 12 janvier 1875.
(2) Missions, XIII. 489.

prêt, il le bénit solennellement et y mit le feu. Ce feu dura sept jours et donna tout ce qu'on en attendait. Ce fut un très utile exemple pour le pays.

Malheureusement, à cette époque, la santé du Père Supérieur était chancelante au point de ne pas lui permettre de donner lui-même aux Cris la mission du printemps. Au mois de juillet, il se trouva seul à l'Ile à la Crosse, et se vit dans l'impossibilité de chanter la grand'messe le dimanche ; il dut se contenter d'une messe basse.

Se voyant condamné à ne pouvoir remplir ses fonctions au gré de sa conscience, il écrivit à son Évêque pour le prier de nommer un autre Supérieur. Monseigneur fit droit à sa demande, espérant par là contribuer à sa guérison mieux que par tous les remèdes. Il envoya le P. Moulin prendre la direction de la Mission. Mais avant l'arrivée de ce Père, notre cher malade avait eu la consolation de bénir la maison due au travail opiniâtre du F. Bowes, et d'y installer les Sœurs. Cette maison, qui avait donné tant de peines, était, au jugement de tous, l'une des plus belles habitations du Nord.

« Or, lisons-nous dans le journal des Sœurs, le F. Bowes, qui l'avait arrosée de ses sueurs et sanctifiée de ses prières, n'était pas même à la cérémonie de la bénédiction. Il était, dans son humilité ordinaire, occupé à installer les orphelins dans leur nouvelle demeure. Son absence n'empêcha pas notre reconnaissance de prononcer son nom, et d'élever notre humble prière vers le ciel pour ce digne et saint religieux. Que le Seigneur comble de ses bénédictions cet humble Frère et tous ceux qui ont contribué comme lui à notre installation. »

Ce fut la dernière œuvre du F. Bowes à l'Ile à la Crosse ; Monseigneur le rappela à Saint-Albert ainsi que le P. Doucet. Pour combler ces vides, le P. Moulin avait amené le Frère convers canadien Labelle, et un junioriste de Notre-Dame de Sion, qui devait remplacer le P. Doucet dans la surveillance des garçons de l'école, tout en continuant ses études ; c'était le P. Dauphin, que la mission Saint-Jean-Baptiste a fidèlement gardé depuis, et qui y remplace aujourd'hui le P. Légeard dans l'évangélisation des Cris, sous la direction du P. Rapet, plus spécialement chargé des Montagnais.

« Quant à moi, dit humblement le P. Légeard, j'ai reçu pour obédience de me guérir et de me reposer cet hiver. Mes jambes se sont mises à crevasser tellement, que je ne pouvais presque plus marcher. Il en est sorti une incroyable quantité d'humeurs. C'est ce qui m'a conduit une seconde fois à l'infirmerie. Depuis que j'y suis condamné à un repos absolu, un mieux sensible s'est produit, mes jambes semblent vouloir se rétablir. On me fait espérer que, cette maladie une fois passée, je me porterai mieux qu'auparavant. »

Cette espérance, hélas ! ne devait pas se réaliser. Le pauvre Père était entré dans une phase de souffrance qui allait le miner peu à peu et le conduire à la couronne des apôtres. Tout était d'ailleurs à la résignation dans ce vrai cœur de religieux.

« Tout bien considéré, disait-il, je pense que cette maladie est une vraie grâce que le bon Dieu me fait, afin de me rendre plus apte à le servir plus tard. Je n'en suis donc point démonté. C'est bien douloureux, c'est bien ennuyeux parfois ; n'importe, c'est pour le bon Dieu. Puisqu'il le veut ainsi, pourquoi vouloir autrement ? Malgré tout, j'aime toujours ma chère Ile à la Crosse ; le plus grand sacrifice qu'on pourrait m'imposer serait de m'en retirer. D'ailleurs, quoique impotent, je puis encore être utile à quelque chose ; je puis confesser tout mon monde, prêcher à l'église à mon tour, etc. (1). »

Ici se place une lettre qu'il écrivait, le 7 décembre 1874, à sa petite nièce, l'unique enfant de son frère, une toute jeune fille qu'il n'avait jamais connue. Nous la donnons tout entière dans sa touchante simplicité, comme faisant parfaitement ressortir le zèle admirable, la foi profonde de notre cher missionnaire, et aussi une surabondance de cœur à laquelle son ardent dévouement à Dieu et aux âmes, bien

(1) Lettre du 12 janvier 1875.

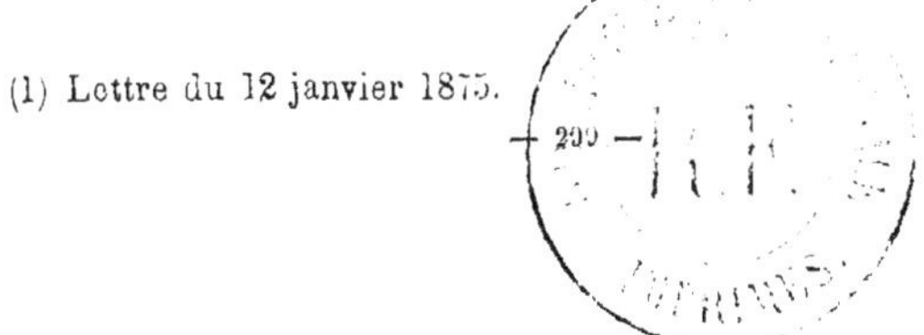

loin de l'épuiser, donnait une vigueur nouvelle et la faisait s'épancher dans les plus beaux mouvements d'affection pour les siens.

« Ma chère petite Marie-Zélie,

« Je viens d'écrire une grande lettre à ta maman, je ne veux pas la laisser partir sans t'écrire aussi quelques lignes pour te remercier de la bonne petite lettre que tu m'as envoyée. Chère enfant, jamais probablement sur la terre tu ne verras ton oncle missionnaire qui t'aime tant; mais sache-le bien, si tu veux lui faire plaisir, si tu veux lui montrer combien toi aussi tu l'aimes, tu tâcheras d'être toujours une bonne petite fille, de bien aimer le petit Jésus et la sainte Vierge, de bien écouter ta maman et les bonnes Sœurs qui t'instruisent. Bientôt, je pense, tu auras le bonheur de faire ta première communion; eh bien! je te dirai ce que je dis souvent ici à nos petits enfants : tâche de bien comprendre que ta première communion, c'est une grande chose; de la manière dont tu la feras dépend en grande partie ton éternité tout entière. Un enfant qui fait une bonne première communion marche dans le chemin du ciel, et il y a tout lieu d'espérer qu'il fera son salut éternel. Mais un enfant qui fait mal sa première communion, oh! qu'il est à plaindre! c'est pour lui le commencement du chemin de l'enfer; il pourra toujours en sortir plus tard, est vrai, mais qu'il y a lieu de craindre pour son âme! Ainsi, ma chère petite Marie-Zélie, pense souvent à ta première communion, aime le bon Dieu et la sainte Vierge de tout ton cœur, prie Les souvent, souvent. Tu peux être certaine que je prierai beaucoup pour toi afin que tu fasses dignement une si sainte action. Nos bonnes Sœurs et leurs petits enfants ne t'oublieront pas non plus. Quand ta maman m'écrira, tu ne manqueras pas de m'envoyer une grande lettre, non point pour me faire des compliments, mais pour laisser parler ton petit cœur et me dire ce qu'il aime. Je serais si heureux si j'apprenais que tu aimes bien le bon Dieu, notre bonne Mère et aussi notre bon Père saint Joseph.

« Adieu, ma bien chère enfant, rappelle-toi souvent les conseils que te donne ton oncle missionnaire, et prie souvent pour lui et pour tous ses pauvres sauvages. En attendant de recevoir de tes nouvelles, je te confie au Cœur de Notre-Seigneur en Le priant de te bénir, de te garder de tout mal et de t'amener un jour au ciel.

« Ton oncle qui t'aime de tout son cœur.

« P. Légeard, O. M. I. »

CHAPITRE DIX-NEUVIÈME

Nouvelle visite de Mgr Grandin. — Le P. Légeard reprend les fonctions de Supérieur. — Retombé malade, il a de nouveau recours à la bienheureuse Marguerite-Marie et obtient du soulagement. — Belles solennités à l'Ile à la Crosse.

La communauté des missionnaires s'était installée dans la maison que les Sœurs venaient d'échanger contre leur nouvelle habitation. Elle se composait alors du R. P. Moulin, Supérieur, des RR. PP. Légeard et Legoff; du F. scolastique Dauphin, et des FF. convers Némoz, Grézeau et Labelle.

La première moitié de l'année 1875 s'écoula pour le P. Légeard à l'infirmerie. Ses pauvres jambes n'étaient, pour ainsi dire, qu'une plaie. Bien qu'une certaine amélioration se manifestât, la convalescence se faisait attendre. C'était passé à l'état chronique. Ce ne fut que le 5 juillet que, sans être guéri, mais se trouvant mieux, il put reprendre sa liberté. Dieu lui ménagea dans cet intervalle une grande consolation. Mgr Grandin, qui n'avait pas reparu à l'Ile à la Crosse depuis l'automne de 1872, y arriva dans les premiers jours de juin 1875. Le vendredi suivant, fête du Sacré-Cœur, on célébra une belle fête pour la consécration de la Mission à ce divin Cœur. La cérémonie fut très solennelle et très touchante. Retenu à l'infirmerie, le P. Légeard ne put y assister. Mais il était présent à la pensée de tous. Chacun aimait à voir dans cette consécration le couronnement de sa dévotion privilégiée et l'accomplissement de son vœu le plus cher.

« Sur le soir du 15, lisons-nous dans le Journal des Sœurs, nous fûmes mises en éveil par des détonations de fusils ; des fusillades répétées et nourries annonçaient une joyeuse visite à la Mission. En effet, nous aperçûmes au loin quarante-sept canots, filant en ligne droite, et abordant gaîment le rivage. C'étaient les Montagnais qui, au nombre d'environ trois cents, venaient à la Mission pour profiter de la présence de l'évêque, *le Grand Maître des choses du ciel.*

« Monseigneur se rendit au rivage pour souhaiter la bienvenue à tous ces bons sauvages. A peine sortis de leurs canots, ils se précipitent à ses pieds pour recevoir sa bénédiction. C'était un spectacle émouvant jusqu'aux larmes que celui de ce digne Pasteur entouré de ses enfants des bois, lui témoignant avec tant de naïveté et d'empressement leur respect et leur affection. »

Le P. Légeard assistait d'une fenêtre à cette scène touchante. Il dut se sentir le cœur doucement remué par cette démonstration si spontanée de ses chers chrétiens, laquelle, dans la pensée de tous, était en grande partie son œuvre.

Aussitôt commencèrent les exercices de la mission du printemps. Ce fut l'une des plus belles que l'on eût vues depuis longtemps. Elle se termina par la plantation d'une belle croix de 30 à 35 pieds de haut, sur un monticule à quelques centaines de mètres de l'église.

Au pied de ce signe sacré de notre rédemption, l'Évêque « prit la parole en français. Il rappela ce qu'était l'Ile à la Crosse vingt ans auparavant, lorsqu'il y vint pour la première fois, et ce que la Mission y avait accompli pendant ce laps de temps ; puis il invita tous ces fervents néophytes à bénir la douce Providence de tant de bienfaits. Ils étaient suspendus à ses lèvres, approuvant des yeux et de la tête chaque parole de leur *Père Seigneur*. Ils auraient volontiers passé deux heures à l'écouter, tant ces bonnes âmes sont avides de la parole de Dieu (1). »

Le lendemain 21 juin, Monseigneur s'éloignait pour aller visiter la Mission du lac Caribou, la plus septentrionale du diocèse de Saint-Albert, à 150 lieues de l'Ile à la Crosse.

Ce fut durant le séjour de son saint Évêque que le P. Légeard commença à reprendre des forces d'une manière sensible. Chaque jour ce prélat avait la bonté d'aller le prendre à l'infirmerie. Appuyé sur son bras, le pauvre infirme se promenait avec lui pendant une ou deux heures. Ils parlaient de la Congrégation, de la France, du grand voyage que Monseigneur avait fait dans cette chère patrie l'année précédente, des affaires de la Mission, etc..... Après quoi, le malade rentrait à l'infirmerie, un peu fatigué de la promenade, mais sentant ses forces revenir avec cet exercice au grand air. Quinze jours après le départ de Monseigneur, il quitta l'infirmerie.

Notons encore ce trait touchant dans la visite de l'Évêque de Saint-Albert à l'Ile à la Crosse. Un jour, étant allé au Fort, il en rapporta un pauvre petit Montagnais abandonné de sa mère. Il l'adopta et voulut qu'il portât son propre nom de famille, en y ajoutant le prénom de Joseph. Cet orphelin n'a été connu depuis lors, à l'île à la Crosse, que sous le nom de Joseph Grandin. C'est un usage assez admis aujourd'hui, dans le diocèse de Saint-Albert, de donner à de pauvres orphelins sauvages le nom des bienfaiteurs, d'Amérique ou d'Europe, qui les ont adoptés et se chargent des frais de leur éducation.

Au mois de septembre, le P. Moulin quitta la Mission de Saint-Jean-Baptiste pour aller résider au lac Vert, et le P. Légeard dut reprendre ses fonctions de Supérieur quelque temps interrompues. Monseigneur lui donna un excellent auxiliaire

(1) Journal des Sœurs Grises.

dans la personne du P. Chapelière qui arriva vers la fin d'octobre.

Il était temps ; car, dès les premiers froids, les jambes du Père Supérieur empirèrent de nouveau, et, au milieu de novembre, il lui fallut reprendre sa place à l'infirmerie. Le P. Chapelière qui avait de l'eau puisée par lui dans la fontaine de la grotte miraculeuse, à Notre-Dame de Lourdes, lui proposa de commencer une neuvaine à cette bonne Mère pour lui demander sa guérison. Le cher malade était plein de confiance en Notre-Dame de Lourdes, mais un scrupule se présenta aux délicatesses de sa piété. Jusqu'alors, la bienheureuse Marguerite-Marie s'était toujours montrée si bonne pour lui et la Mission ! Dieu la lui avait, pour ainsi dire, donnée comme une protectrice spéciale. Il lui semblait qu'en faisant cette neuvaine, ce serait en quelque sorte lui faire comprendre que, puisqu'elle ne l'avait pas encore guéri, il la laissait de côté pour s'adresser à une médiatrice plus puissante. Cette pensée lui faisait d'autant plus mal au cœur qu'il se croyait fondé à craindre qu'on n'eût plus ensuite la même confiance en elle à l'Ile à la Crosse. Le souvenir des bienfaits reçus l'emporta. S'adressant à la sainte Vierge avec une naïve et touchante simplicité :

« O ma Mère, lui dit-il, vous savez bien que, si je ne m'adresse pas à vous, ce n'est pas par défaut de confiance. Que vous m'accordiez cette faveur ou que vous ne me l'accordiez pas, on n'en croira pas moins ici à votre toute-puissance, et on ne vous en aimera pas moins. Permettez-moi donc de m'adresser à celle qui fut votre fille bien-aimée, et veuillez la glorifier en m'accordant la faveur que je demande à votre divin Fils et à vous par son intercession (1). »

Il commença donc une neuvaine à sa chère Bienheureuse. Quelques jours après, il quittait l'infirmerie et laissait même le bâton dont il avait toujours dû se servir depuis près de deux ans; non qu'il fût entièrement guéri, car, disait-il, « je crois que le bon Dieu ne veut pas me laisser sans souf-

(1) Lettre à son oncle, 7 mars 1877.

frances ; » mais il était beaucoup mieux, et ce mieux, malgré l'hiver, alla en augmentant.

Le carême venu, le P. Chapelière partit pour aller passer quelque temps au lac Canot, Mission de la bienheureuse Marguerite-Marie, afin de s'habituer à parler la langue crise en habitant avec les sauvages de cette tribu, moyen dont le P. Légeard s'était si bien trouvé.

Le lundi de Pâques, le P. Legoff partait à son tour pour aller au loin donner une mission à quelques familles montagnaises. Le Père Supérieur demeura seul à la Mission de l'Ile à la Crosse. Il aurait pu rappeler le P. Chapelière, mais c'eût été interrompre ses études et faire tort aux sauvages qui profitaient si bien de sa présence. Il eut encore recours à son refuge ordinaire : il fit une nouvelle neuvaine à sa chère Bienheureuse, lui demandant assez de force pour suffire seul au travail de la Mission.

Sa prière fut exaucée. Pendant tout un mois que dura son isolement, lui qui précédemment était souvent incapable de monter à l'autel, put célébrer tous les jours, chanter la grand' messe le dimanche, et prêcher le soir en cris. Bien plus, pendant tout le mois de mai, il prêcha tous les soirs, ce qu'il n'avait encore jamais fait. Quelques semaines après, à son retour du lac Canot, le P. Chapelière eut la douce surprise de retrouver son Supérieur en possession d'une activité qu'on ne lui connaissait pas depuis longtemps.

Ceci se passait au printemps de 1876 ; un an après (7 mars 1877), le P. Légeard écrivant à son oncle les détails qui précèdent, lui disait : « Après tant de faveurs, comment n'aurais-je pas une confiance sans bornes en ma chère Bienheureuse ? Depuis cette époque, j'ai toujours été de mieux en mieux. Précédemment, à l'entrée de l'hiver, je me trouvais plus mal ; cette année le mieux va en augmentant, et je puis dire qu'actuellement je suis en meilleur état que je ne l'ai été depuis cinq à six ans. J'espère que vous voudrez bien vous unir à moi pour remercier le Sacré-Cœur et son humble servante de toutes ces grâces qui m'ont été accordées. »

Au mois de juin eut lieu la mission du printemps, qui fut

plus belle encore que l'année précédente, grâce sans doute à l'impulsion donnée par la visite de Monseigneur. L'église se trouva trop petite. Pendant la semaine, cela allait encore, parce que les exercices se donnaient pour les Montagnais à la grande église, et pour les Cris, qui sont bien moins nombreux, à la chapelle des Sœurs. Mais le dimanche, pour les offices, tous ne pouvaient entrer.

Le P. Légeard dirigeait la mission des Cris.

La Fête-Dieu, qui survint durant la mission, donna lieu à des cérémonies comme bien des églises de France n'en ont pas, Ce jour-là, pour donner à tous la facilité d'assister à la messe, les offices furent multipliés. Le matin, à six heures, il y eut messe avec cantiques et sermon en montagnais ; la plupart des sauvages de cette nation y communièrent. A huit heures et demie, seconde messe avec cantiques et sermon en cris. Enfin, à dix heures et demie, messe solennelle devant le Saint-Sacrement exposé.

Dans la soirée eut lieu la procession du Saint-Sacrement. Les Pères avaient résolu de lui donner toute la solennité possible. Dès la veille, les sauvages, sous la direction du Père Chapelière, avaient planté de distance en distance, sur le parcours de la procession, de petits arbres coupés dans le bois. Trois arcs de triomphe avaient été dressés. Enfin un beau reposoir avait été élevé sur le monticule, au pied de la croix plantée par Monseigneur.

De cette élévation le coup d'œil était magnifique. A droite, la vaste nappe du lac, parsemée d'îles verdoyantes ; au pied de la colline, le camp des sauvages, avec ses tentes et ses loges en grand nombre ; un peu plus loin la Mission ; puis, au fond de la scène, au-delà de la baie sur les bords de laquelle s'élève notre établissement, le fort de la Compagnie de la baie d'Hudson.

A trois heures, la procession sortait de l'église. Tout le monde, hommes, femmes et enfants, marchaient en rang. A un étranger les costumes auraient semblé bien bariolés, et peu dignes, peut-être, de paraître dans une pareille cérémonie. Les sauvages n'y pensaient guère, et Dieu sans doute ne regardait qu'à la simplicité chrétienne et à la ferveur de ces pauvres enfants des bois. Au milieu des rangs se déployaient quatre belles bannières confectionnées par les Sœurs : celle de saint Jean Baptiste, patron de la Mission, celle de saint Joseph, celle de la sainte Vierge et celle du Sacré-Cœur, la plus belle de toutes. Le P. Chapelière, aidé du F. Némoz, dirigeait la procession. Le P. Legoff faisait chanter les Montagnais. Quant au P. Légeard, dont la santé était un peu meilleure, il présidait la procession et avait le bonheur de porter le Saint-Sacrement. Quatre hommes choisis parmi les plus anciens, deux Métis, un Montagnais et un Cris, soutenaient le dais ; quatre autres tenaient les cordons.

La procession se déroula en suivant le chemin qui lui avait été préparé le long du lac et au milieu du camp des Sauvages. Favorisée par un temps magnifique, elle fut splendide. « Mais, dit le P. Légeard, il y eut un moment surtout où, malgré moi, les larmes s'échappèrent de mes yeux. Après la bénédiction donnée du monticule sur lequel était dressée le reposoir, il fallut réorganiser la procession. Cela fut un peu long. Pendant ce temps-là, j'étais tourné vers le peuple, tenant Notre-Seigneur dans mes mains. Devant moi, se déroulait le superbe panorama dont j'ai parlé plus haut. A mes pieds, se tenait la foule des hommes qui attendaient leur tour pour partir, les uns à genoux, les autres assis par terre. Ils étaient là, chantant de tout leur cœur les louanges de Notre-Seigneur. Comme le divin Maître devait, ce me semble, être heureux de ce triomphe ! Comme son Cœur adorable, qui a tant aimé les petits et les pauvres, devait être satisfait de voir agenouillés à ses pieds, avec tant d'abandon filial, ces chers et fervents sauvages !

« Il y a seulement trente ans, le site où se déroulait en ce moment la procession, n'était qu'un bois épais ; au lieu des saints cantiques, on n'y entendait que le bruit du tambour et les chants superstitieux des sauvages infidèles. Que Dieu soit mille fois béni d'avoir bien voulu se servir de notre chère Congrégation pour le faire connaître et aimer de ces pauvres Indiens ! Nos Pères, qui ont tant travaillé à défricher cette partie de la vigne du Seigneur, n'ont pas perdu leur temps; les fruits que nous recueillons maintenant sont bien consolants.

« Quand nous arrivâmes à l'église, elle était déjà remplie, et bon nombre de personnes durent rester dehors pour recevoir la bénédiction du Saint-Sacrement, qui termina la cérémonie.

« Vous devez le comprendre, cette mission nous a donné bien des joies. La plus grande partie du travail retombait sur le Père Legoff, qui est chargé des Montagnais. Comme ils sont très nombreux, c'est à peine s'ils lui laissaient le temps de prendre ses repas et le sommeil nécessaire pour réparer ses forces épuisées. Quelques jours après, ils partaient tous, fortifiés par la réception des Sacrements, affermis dans leurs bonnes résolutions, et attachés plus que jamais à leur religion et à ceux qui sont venus pour la leur enseigner.

« Depuis quelques années, nous avons deux petites missions supplémentaires, à Noël et à Pâques. A ces deux fêtes, nous voyons arriver bon nombre de sauvages qui souvent viennent d'assez loin pour faire leurs dévotions. La fête de Noël surtout se célèbre avec une grande solennité. Il est bon de noter que nous jouissons d'un privilège que nous envieraient beaucoup de grandes églises de France. C'est qu'après la messe de minuit, nous donnons la bénédiction papale avec indulgence plénière. Mgr Grandin, ayant obtenu du Souverain Pontife la permission de la donner trois fois par an, et de communiquer ce pouvoir comme il l'entendrait, a accordé au Supérieur de la Mission la faculté de la donner une fois chaque année; et c'est le jour de Noël que nous avons choisi pour cela (1). »

(1) Missions xv, 316.

CHAPITRE VINGTIÈME

Distribution solennelle des prix à l'Ile à la Crosse. — Les enfants de l'école écrivent au Souverain Pontife. — Ce qu'était le P. Légeard à la Mission.

Deux jours après la grande procession, eut lieu une fête d'un autre genre, qui réunit encore une nombreuse assistance. Il s'agissait de la distribution des prix, précédée d'un grand examen des enfants de l'école. M. Mac Murray, officier de la Compagnie, préposé au district de l'Ile à la Crosse, venait d'être nommé inspecteur de tous les districts du Nord. Il allait bientôt quitter le Fort, et, comme il s'était toujours montré le bienfaiteur de la Mission et le sincère ami des missionnaires, le P. Légeard voulut lui faire les honneurs d'une séance académique.

Le Révérend Père Supérieur présidait, ayant à sa droite M. l'Inspecteur et l'officier qui le remplaçait à l'Ile à la Crosse, et à sa gauche, leurs dames avec leurs enfants. Derrière se tenaient les gens du Fort et de la Mission et grand nombre de sauvages. La séance dura quatre heures, et l'intérêt ne cessa d'aller croissant. Les enfants s'en tirèrent très bien, mieux même qu'on n'osait l'espérer. Les matières de l'examen, moitié en français, moitié en anglais, étaient entremêlées de chansons dans ces deux langues. La partie française, par laquelle on commença, se termina par une petite pièce admirablement interprétée et qui intéressa vivement les assistants. La partie anglaise, qui vint ensuite, se termina également par une pièce anglaise en l'honneur du héros de la fête. Au dire de tous, cet examen fut le plus beau de tous ceux qui avaient eu lieu à l'Ile à la Crosse. Il fut du moins le plus complet, comprenant pour la première fois l'anglais et le français.

« Avant la distribution des prix, dit le P. Légeard, une

adresse fut présentée à M. l'Inspecteur. Il y répondit par un petit discours qui, venu d'un protestant, aurait surpris bien des catholiques de nos vieux pays. Il est vrai que ce Monsieur pourrait en revendre à bon nombre de nos catholiques de France en fait de connaissances et de sentiments religieux. Daigne le Seigneur lui ouvrir les yeux et le ramener à notre sainte religion qu'il admire, qu'il respecte et dont il n'est guère éloigné !

« Les résultats de cet examen se font déjà sentir : à la rentrée de l'automne, nous avons eu plus de quarante pensionnaires, et nous avons dû en refuser.

« Les sauvages se montrent plus empressés à nous confier leurs enfants. Quant à ces derniers, c'est bien différent. Ce n'est qu'à force de travail et de fatigue qu'on peut réussir à leur faire apprendre quelque chose. Quand ils paraissent dans les examens publics, ceux qui les voient, ceux qui les entendent, ne se doutent guère de ce qu'il a fallu de patience et d'efforts pour arriver à ces résultats. Il faut avoir vécu dans le pays pour comprendre ce que sont nos écoles et ce que coûte de dévoûment à nos bonnes Sœurs l'instruction d'enfants qui n'ont aucun goût pour l'étude, qui ont honte, pour ainsi dire, de bien faire, et dont le seul désir est de quitter l'école le plus tôt possible (1). »

Le P. Légeard termine ses notes sur l'école de Notre-Dame du Sacré-Cœur par un trait charmant qui met en beau relief le caractère élevé de l'éducation que reçoivent les enfants à l'Ile à la Crosse, et les inspirations exquises dont elle les rend capables. Cela s'est passé en janvier 1875. Nous citons :

« Nos enfants venaient de finir leurs lettres de bonne année. Tout d'un coup, une petite fille s'écria au milieu de ses compagnes : « Si nous écrivions à Notre Saint-Père le Pape pour lui dire combien nous l'aimons ! — Oui, oui, fut la réponse générale, écrivons-lui. » Les maîtresses me demandèrent ce que j'en pensais. « Qu'elles écrivent, leur

(1) Missions xv, 321.

dis-je, nous enverrons la lettre à Monseigneur, il en fera ce qu'il voudra.

« Elles se mirent immédiatement à l'œuvre, et celle qui avait la plus belle main écrivit à genoux, par respect pour Notre Saint-Père, la lettre suivante :

« Très-Saint Père,

« Nous, les petits enfants Métis et Sauvages de Notre-Dame du Sacré-Cœur de l'Ile à la Crosse, ayant entendu souvent les Révérends Pères qui sont venus nous apprendre *la prière*, et les bonnes Sœurs qui nous font la classe, nous parler de notre bon Père, le grand Chef de la prière, qui est à Rome, nous dire combien il fait pitié, parce qu'un mauvais roi lui a pillé tout son bien, et que les mauvais priants le font souffrir tous les jours, nous nous sommes dit : Nous autres, petits enfants, nous allons lui écrire pour lui dire que nous l'aimons beaucoup. Oui, Très-Saint Père, nous vous aimons de tout notre cœur. Nous voudrions bien faire quelque chose pour vous soulager ; mais comme nous sommes trop pauvres, nous voulons tous les jours prier le Sacré-Cœur et la sainte Vierge pour qu'ils vous gardent et vous défendent contre les méchants, afin que vous ne fassiez plus pitié.

« Daignez, ô vous notre bon Père, le grand Chef de la prière, recevoir les petits présents que vous offrent vos petits enfants de l'Ile à la Crosse.

« Nous nous mettons tous à vos genoux, Très-Saint Père, afin que vous vouliez bien nous bénir, nous et nos parents, ainsi que les révérends Pères, nos bonnes Sœurs et tous ceux qui nous font du bien. »

« Cette lettre était accompagnée de la liste de ce que nos enfants avaient promis de faire, en fait de prières ou de mortifications, pour le Souverain-Pontife.

« La lettre fut envoyée à Monseigneur. Il approuva l'idée de nos enfants, fit écrire une seconde lettre par ceux de Saint-Albert, et les expédia toutes deux à Rome, au Cardinal Préfet de la Propagande.

« Au mois de février dernier, 1876, nous recevions une lettre de Monseigneur, dans laquelle il nous disait :

« A propos des petits enfants, j'ai à vous annoncer une nouvelle qui vous fera plaisir. Vous vous souvenez de la lettre que vos élèves écrivirent, il y a un an, au Souverain-Pontife ; les enfants de Saint-Albert lui écrivirent de leur côté, et j'envoyai le tout à Son Éminence le Cardinal-Préfet de la Propagande. Il y a quelques semaines, je recevais de Son Éminence le Cardinal Franchi, la lettre des enfants de Saint-Albert, au bas de laquelle le Pape avait écrit de Sa main, avec sa signature et la date :

« QUE LE SEIGNEUR VOUS BÉNISSE ET VOUS DIRIGE DANS TOUTES VOS VOIES. »

« La lettre de vos enfants est restée entre les mains du Saint-Père. Comme cette bénédiction est pour les enfants de l'Ile à la Crosse aussi bien que pour ceux de Saint-Albert, je tâcherai de vous en envoyer un souvenir. »

« En exécution de cette promesse, Monseigneur nous a envoyé un beau portrait du Saint-Père, au bas duquel se trouvent les paroles que ce grand Pape a bien voulu nous adresser, ainsi que sa signature. C'est un autographe de sa Sainteté que Sa Grandeur a découpé d'une autre pièce et collé sur cette image. Cette bénédiction, venue de si haut, sera un encouragement pour nous, et aussi un gage de succès pour l'œuvre si importante de notre école (1). »

Est-il besoin de faire remarquer le lien qui rattache les faits précédents à la vie que nous racontons ? Si grande que soit son application à s'effacer, à mettre les autres en lumière, et à dissimuler son action personnelle sous le voile d'une extrême modestie, le P. Légeard ne réussit pas à se faire oublier. Lorsqu'on ne le voit pas ostensiblement à l'œuvre, on sent que sa pensée anime tout à l'Ile à la Crosse, que rien n'y échappe à son regard, et que sa sollicitude embrasse tous les besoins de l'ordre matériel et de l'ordre moral.

(1) Missions xv, 323.

La Mission repose sur lui comme une famille d'orphelins sur la main qui lui procure le pain de chaque jour. Il en est la Providence visible ; pour elle rien ne lui coûte. Son bonheur est de se dévouer jusqu'à l'oubli complet de lui-même. L'état prospère de sa chère école, la ferveur de ses sauvages, l'avancement du règne de Dieu dans les contrées circonvoisines, et la joie d'amener chaque année au bercail de Notre-Seigneur de nouvelles brebis arrachées à l'infidélité et à la barbarie, le dédommagent amplement de tous ses sacrifices, y compris celui de sa santé.

Le sentiment profond des intérêts qui lui sont confiés l'élève en quelque sorte au-dessus de lui-même. Il triomphe de sa timidité naturelle pour nouer, avec les notabilités protestantes de la Compagnie, des relations qui tournent à l'honneur de la véritable Église, ainsi qu'au soutien et au bon renom de l'école. On a plaisir à voir la courtoisie parfaite avec laquelle il fait à ces Messieurs les honneurs de la Mission, et le grand art qu'il met à leur fournir l'occasion de rendre publiquement hommage à l'excellente organisation des œuvres catholiques et au grand bien qu'elles font.

Rien de surfait, cependant, ni d'affecté dans son attitude et son langage. Tout y est simple et de bon aloi ; tout y respire la droiture et le bon sens, aussi bien que la piété la plus solide et la plus complète abnégation.

Quant à ses rapports intimes avec Dieu, dans les détails journaliers de sa vie régulière, il suffit de dire qu'on y retrouve le fervent novice de Notre-Dame de l'Osier et le parfait scolastique d'Autun, avec cette saveur de maturité que produisent les grandes responsabilités et la longue habitude de la souffrance et de la vertu. Ses relations avec le prochain révèlent l'apôtre vigilant et intrépide, toujours prêt à faire bon marché de sa santé et même de sa vie, pour courir au secours des plus pauvres et des plus petits ; et l'habile administrateur toujours en quête de ressources pour l'entretien de son nombreux personnel, et sachant les faire venir de mille points différents ; l'homme de Dieu en un mot, vraiment digne de ce bel éloge de Jésus-Christ : *homme fidèle et prudent, à qui le Seigneur a confié le soin de sa famille* (1).

CHAPITRE VINGT ET UNIÈME

La propagande protestante.

L'une des grandes sollicitudes du P. Légeard, partagée par tous nos missionnaires de l'Amérique du Nord, lui venait de l'opposition protestante. Cette opposition, depuis quelques années surtout, avait pris un essor menaçant. Soutenus par les opulents subsides des sociétés bibliques, s'abritant dans les replis du drapeau britannique, et trouvant partout un appui efficace dans les employés de la Compagnie, presque tous protestants, elle présentait un obstacle redoutable aux véritables envoyés de Jésus-Christ. Ceux-ci trouvaient partout sur leur chemin les ministres protestants. Sans cesse ils étaient harcelés par eux. C'étaient leurs Philistins.

Dans une lettre qu'il adressait vers cette époque à l'un de nos Pères, sous la date du 22 janvier 1877, Mgr Grandin décrit à merveille cet antagonisme de la vérité et de l'erreur, de la sainte Église de Jésus-Christ et des sectes qui en sont la haineuse contrefaçon. On nous saura gré d'en reproduire ici de larges extraits.

« Il est trop vrai, dit le saint Evêque, que la propagande protestante est un de nos plus terribles ennemis. Bien que dans tout le Nord-Ouest les catholiques l'emportent en nombre sur les protestants, on peut cependant dire que ces derniers sont pour nous des adversaires vraiment redoutables.

(1) Fidelis servus et prudens, quem constituit Dominus suus super familiam suam, ut det illis cibum in tempore. (Matt. XXIV, 45.)

« On appelle ici le catholicisme « la religion française », et le protestantisme « la religion anglaise ». Demandez à un sauvage chrétien quelle est sa religion, il vous répondra ordinairement: « Je prie avec les Français », ou « avec les Anglais». Ce qui fait que dans le pays on fait souvent d'une cause purement religieuse une cause nationale, et réciproquement.

« Quels sont donc ceux que nous appelons Français? Ce sont des descendants des Canadiens français, venus dans le Nord-Ouest comme serviteurs de la Compagnie de la baie d'Hudson. Les Anglais sont aussi des descendants d'employés de la Compagnie, mais d'une classe supérieure. Tous les directeurs de différents grades, depuis le gros bourgeois ou chef de district jusqu'au simple commis, sont Anglais ou Écossais, par conséquent protestants. Lorsque, parmi les employés inférieurs de cette nationalité, il s'en trouve qui ont quelque aptitude, on leur donne une charge plus ou moins importante, et on les tire ainsi de *la caste* des simples serviteurs, tels que sont en général les pauvres catholiques. Par suite, bien que les protestants soient de beaucoup les moins nombreux, ils forment cependant la classe riche, la classe dirigeante, la classe savante même. Toutes les charges de la Compagnie, jusqu'à présent toute-puissante dans ce pays, sont entre leurs mains. Nous allons avoir un gouvernement, déjà notre gouverneur est nommé ; c'est, bien entendu, un protestant; on le dit même Orangiste écossais. Tous les magistrats des différents degrés seront, à n'en pas douter, *regis ad exemplar*. Si parfois, dans cette classe élevée, il se trouve quelque catholique, trop souvent il paraît, parmi ses collègues, humilié de sa foi; il lui faut un courage plus qu'ordinaire pour pratiquer une religion qui est regardée comme celle des pauvres, des petits, des ignorants.

« Dans une réunion de cette bourgeoisie se trouvait un pauvre misérable que sa lâcheté avait fait apostasier; depuis il a réparé sa faute. J'étais présent; on fut assez aimable pour me dire : « Il est clair, aux yeux de tout le monde, que « le protestantisme est la religion de tous les gens instruits, « de tout ce qu'il y a de bien dans le pays. »

« Nous formons donc une caste à part, méprisée par le vulgaire de nos richards, mais honorée cependant par les vrais gentilshommes ; une caste d'autant plus nombreuse que la plupart des sauvages qui se font chrétiens se joignent à nous. Il semblerait cependant naturel que ces pauvres gens prissent la religion la plus aisée, la religion des plus puissants ; mais, aujourd'hui comme autrefois, le Seigneur prend plaisir à se révéler aux simples et aux petits et à se cacher aux superbes.

« Telle est notre position en face des protestants. Nous dépendons d'eux presque partout. Pour peu que nous voyagions, nous ne pouvons le plus souvent recevoir l'hospitalité et les secours indispensables que de leur part. Dans presque toutes nos Missions, le missionnaire a dû, au début, séjourner plus ou moins longtemps chez le chef commerçant du poste, dire la sainte messe, prêcher et faire le catéchisme dans un appartement d'où le propriétaire pouvait entendre tout ce qu'on disait contre sa religion. C'est encore ainsi que se donnent les Missions dans presque tous les postes où nous n'avons pas de pied-à-terre à nous. Ce qui ne laisse pas de nous faire une situation très fausse, qui nous oblige à beaucoup de réserve et de prudence, et qui expose le pauvre missionnaire à compromettre sa cause sans être même indiscret.

« Dans cet état de choses, comment donc convertir les protestants ? Je réponds que le meilleur moyen de les convertir, c'est de ne pas paraître vouloir le faire ; nous les éloignerions si nous allions discuter et faire de la controverse ouvertement. S'ils nous font des objections, nous tâchons d'y répondre sans les froisser. Si quelqu'un veut se faire instruire, il le demande et alors on y va franchement. Quand un protestant vient à nous de la sorte, il est déjà converti, toutes ses objections sont résolues.

« Nous avons la consolation de recevoir parfois des abjurations. C'est une faute que nos meilleurs amis, parmi les protestants, ont peine à nous pardonner. Il est rare qu'ils ne se vengent pas en nous refusant certains services qu'ils nous rendraient sans cela ; ce qui ne dispensera pas le pauvre converti de subir bien des sarcasmes et des humiliations, et de supporter plus d'une petite vengeance. Cependant, quand il n'y a pas de ministre sur place, nos protestants sont en général assez libéraux, mais leurs ministres les rendent fanatiques et bigots. Nous n'aurions généralement point de difficultés avec nos frères séparés, si leurs ministres étaient éloignés. Ceux d'entre ces derniers qui viennent par ici sont ordinairement peu instruits, et, on peut le dire, de la classe la plus commune. Ils ont dans leurs rangs des Métis et même des sauvages, demi-savants fort orgueilleux et suffisants, que je redoute plus que les docteurs des plus célèbres universités anglaises. Ceux-ci seraient au moins des hommes instruits et des hommes d'honneur. Mais les individus qui ne doivent leur position qu'à *leur bible* et à leur fanatisme sont capables de tout. Ni le respect d'eux-mêmes, ni les bonnes manières ne les arrêteront jamais. Ils mentiront, ils calomnieront, tous les moyens leur seront bons. Par exemple, si un enfant sauvage vient à mourir après que nous l'avons baptisé, ils insinueront que c'est notre baptême qui l'a fait mourir. Si nous sommes victimes de quelques malheurs, c'est le bon Dieu qui nous rejette avec notre religion. Quels arguments n'a-t-on pas tiré de l'incendie de Saint-Boniface et de l'Ile à la Crosse, de notre pauvreté en général et des différentes épreuves que le bon Dieu permet !

« Ils tirent également parti des persécutions de l'Église, faisant croire aux pauvres sauvages qu'eux aussi seront persécutés s'ils se font catholiques. Ces ministres de bas étage ne sont point estimés, même par ceux de leurs coreligionnaires qui se respectent. Cependant ceux-ci prendront généralement leur défense contre nous, leur cause étant, comme je l'ai déjà dit, nationale autant que religieuse.

« Leurs objections ne sont pas difficiles à réfuter, et ce n'est jamais à nous qu'ils les présentent. Ils s'adressent plus volontiers à nos pauvres gens ; mais là même ils trouvent souvent à qui parler. Un jour un Écossais parvenu disait à un de nos Métis : « Vous autres catholiques, vous ne parlez que de la sainte Vierge, vous la priez presque à l'égal de Dieu; cependant c'était une femme comme les femmes du fort qui sont ici. — Trouvez-moi donc dans le fort, répondit l'humble Métis, une femme qui soit la mère de Dieu. » Un autre critiquait devant un Métis les jeûnes et les pénitences auxquels nous ne sommes point tenus, disait-il, parce que Jésus-Christ a fait pénitence pour nous. « Jésus-Christ n'est-il pas mort pour nous, repartit le Métis ? — Assurément. — Donc nous ne devrions pas mourir. » Cette réponse ferma la bouche au protestant.

« Notre grand argument contre tous nos ennemis, ce sont nos orphelinats et les petits sauvages que nous y élevons. Cette œuvre de dévouement et de charité nous rend vraiment populaires. Les plus fanatiques n'oseraient dire du mal d'une pareille œuvre, ni de ceux qui s'y dévouent. Les protestants de toute dénomination admirent nos Sœurs de Charité. Je puis dire aussi que tous nous estiment. Il n'y a pas jusqu'au dévouement de nos chers Frères convers qui ne les fasse réfléchir. Un protestant me voyant revenir d'Europe avec une caravane de nos bons Frères, ne pouvait retenir son admiration. « A la rigueur, disait-il, je comprends le dévouement du prêtre, mais celui du Frère, c'est pour moi un mystère (1). »

Nous devons reconnaître que le district de l'Ile à la Crosse était, dans tout le Nord-Ouest, celui sur lequel la propagande protestante avait le moins de prise. Les missionnaires catholiques y étaient venus les premiers, et trouvant les sauvages bien disposés, ils avaient fondé à force de travail et de sacrifices, une chrétienté tellement florissante qu'elle pouvait défier les attaques de l'hérésie et décourager ses espérances. Nos Pères étaient les maîtres incontestés du pays. Les protestants eux-mêmes s'inclinaient devant les magnifiques résultats de leur apostolat. Leurs ministres passaient souvent au fort, à deux pas de la Mission, pour se rendre à la grande rivière Mackenzie. Mais en voyant le ferme atta-

(1) Missions xv, 130.

chement des Métis et des sauvages aux robes noires, et l'ardeur qui les entraînait à l'Ile à la Crosse, ils comprenaient que c'eût été perdre leur temps de vouloir s'opposer à ce courant.

Aussi bien le P. Légeard était-il moins inquiet pour le présent que pour l'avenir. Trop clairvoyant pour se méprendre sur la portée de la lutte engagée entre le catholicisme et le protestantisme dans un pays ouvert à l'influence anglaise, il prévoyait que le prosélytisme hérétique tenterait bientôt d'ébranler la forte position prise par les missionnaires à l'Ile à la Crosse. Déjà même, profitant de l'impuissance où se trouvait Mgr Grandin de donner un prêtre aux sauvages qui avoisinent le lac des Sables, à trente lieues au sud du lac Vert, les ministres venaient d'y fonder une mission. Ils s'efforçaient en outre de s'attacher les Indiens du lac Poule-d'eau, et quelques autres groupes sauvages établis dans le rayon du lac Vert.

Aucun de leurs mouvements n'échappait au regard attentif du P. Légeard. Il s'effrayait de leurs progrès dans la vallée de la Saskatchewan, et des lois qu'ils projetaient contre la direction catholique des écoles. Écrivant à sa tante, le 10 mars 1877 :

« Priez, lui disait-il, afin que le bien qui se fait ici aille toujours en augmentant. Priez aussi pour nos autres Missions. Toutes ne nous consolent pas au même degré que l'Ile à la Crosse. Celle-ci est la plus ancienne du pays, la plus favorisée jusqu'à ce jour. Ailleurs, nos Pères ont bien des difficultés. Voilà les protestants qui arrivent dans le pays. Leurs ministres cherchent à s'établir partout. Jusqu'à présent nous avions joui d'une grande liberté et tranquillité. Le moment de la lutte semble venu. Déjà les protestants commencent à s'agiter pour obtenir du gouvernement une loi réglant le caractère mixte des écoles. Cela signifie que catholiques et protestants seraient obligés d'envoyer leurs enfants aux mêmes écoles, c'est-à-dire dans des écoles d'où l'enseignement de la religion serait exclu. Dieu merci, les choses n'en sont point encore là, et nous nous y opposerons tant que nous pourrons. Mais que nous avons besoin de prier pour écarter ce grand péril !

« A la Rivière Rouge on a commencé à parler de l'obligation qu'on voudrait imposer aux Sœurs de subir un examen devant les membres de la Commission chargée de l'instruction publique, pour obtenir un diplôme sans lequel elles ne pourraient enseigner.

« Comme vous le voyez, le démon travaille partout contre notre sainte religion. Mais nous espérons que le Sacré-Cœur nous protègera et notre bonne Mère aussi ; car le diocèse de Saint-Albert est consacré au Sacré-Cœur de Jésus, et il s'est placé sous le patronage du saint et immaculé Cœur de Marie. »

Ces mêmes préoccupations se retrouvent dans une lettre précédente adressée à son oncle (12 janvier 1875) : » Je vous ai déjà parlé de l'érection de la nouvelle province ecclésiastique de Saint-Boniface, dont tous les titulaires sont membres de notre Congrégation. Les protestants se sont dit : pourquoi n'en ferions-nous pas autant ? Aussitôt dit, aussitôt fait. Un Évêché anglican a été établi auprès de chacun de nos Évêchés catholiques pour contrebalancer notre influence L'été dernier, nous avons eu la douleur de voir passer par ici un ministre décoré du titre de *Bishop*, et se rendant à la rivière Mackenzie. Un autre diocèse doit se fonder cette année sur les bords de la Saskatchewan, en opposition à celui de Saint-Albert. Les Anglicans n'ont cependant pas une seule Mission dans ce district ; n'importe, l'évêque anglican arrivera bientôt. Déjà, cet automne, il a envoyé en avant un ministre et un maître d'école pour se fixer au lac Vert, à une quarantaine de lieues d'ici. Heureusement pour nos pauvres catholiques de cet endroit, ces envoyés n'ont pas trouvé que la place leur convînt, et ils sont retournés à quinze ou vingt lieues sur leurs pas pour hiverner plus commodément au bord d'un petit lac. »

Le P. Légeard s'effrayait de l'énorme disproportion qu'il y avait dans les moyens humains mis en œuvre par les deux camps opposés.

« Qu'est-ce qu'une vingtaine de prêtres, disait-il, pour soutenir l'effort de tant de Missions anglicanes, presbytériennes et méthodistes qui envahissent le pays? Qu'est-ce qu'un budget de 50 ou 60.000 francs, quand pour la seule Mission de l'Ile à la Crosse, qui n'est pas la plus importante du diocèse, Mgr Grandin a dépensé cette année près de 10.000 francs pour l'achat et le transport des objets qui nous sont nécessaires? Qu'est-ce que cela auprès des ressources immenses dont disposent les ministres protestants?

« Dernièrement, je lisais dans un journal anglais que l'évêque anglican de la Saskatchewan, dont je parlais plus haut, avait déjà recueilli en Angleterre plus de 40.000 livres sterling (1.000.000 de francs) pour ses missions qui n'existent pas encore, et qu'il voulait en dépenser 25.000 (625.000 francs) pour bâtir son Évêché, sa cathédrale, des écoles et tout ce qui en dépend. L'endroit qu'il a choisi pour cela est tout voisin d'une de nos Missions, composée de quelques pauvres masures, dépourvue d'écoles et dirigée par un seul missionnaire. Comment tenir tête à une pareille concurrence? Il faut bien vraiment que le bon Dieu soit avec nous.

« Je voyais naguère dans une feuille anglaise le total de ce qui a été donné en Angleterre, pendant la seule année 1873, par les sociétés bibliques, pour les missions protestantes. Cela vous paraîtra fabuleux. Voici cet article :

« Le total des sommes fournies par les associations religieuses qui ont leur centre à Londres, a été de plus de 8 millions de piastres en or (40 millions de francs). Parmi les plus remarquables, nous citerons :

« La « *Church Missionary Society* » qui a recueilli 1,206,105 piastres (6.030,525 fr.), un seul homme ayant donné 100,000 piastres (500,000 fr.), pour remercier Dieu d'avoir rendu la santé à l'un de ses enfants.

« La « Société pour la propagation de l'Évangile » qui a recueilli 551,000 piastres (2,755,000 fr.).

« La « *Weslayan Missionary Society* » : 4,199,875 fr.

« La « *London Missionary Society* » : 2,947,725 fr.

« La « Société biblique anglaise et étrangère » : 5,508,600 fr.

« Je serais heureux, ajoute le P. Légeard, que ces chiffres pussent tomber sous les yeux de bien de nos catholiques de France. N'en seraient-ils pas stimulés à se montrer plus généreux pour les belles œuvres de la Propagation de la Foi et de la Sainte-Enfance? Et peut-on supporter que les hérétiques soient plus zélés pour propager l'erreur, que les catholiques pour favoriser l'extension du règne de Jésus-Christ?

« Et cependant, conclut le Père avec fierté, malgré cette écrasante infériorité de subsides, de l'aveu même des voyageurs protestants, nos Missions catholiques réussissent bien mieux que les leurs, et avec des ressources infiniment moindres, obtiennent de plus grands résultats. Pourquoi? C'est que nous sommes soutenus par le puissant levier de la prière. Les protestants donnent beaucoup d'argent, mais ne prient pas. Les catholiques donnent peu, mais prient davantage, et ce grand effort de la communion des saints sur le cœur de Dieu attire sur notre ministère la grâce céleste qui fait porter de dignes fruits de salut. Que tous ceux donc qui ne peuvent donner d'argent prient beaucoup, et ils auront leur part aux mérites et aux triomphes du grand apostolat catholique. »

A l'époque où le P. Légeard écrivait ce qui précède, le Nord-Ouest était en grand travail de transformation. La civilisation y avançait à grands pas. Le télégraphe venait jusqu'à Saint-Boniface, et les voies ferrées allaient bientôt y arriver. Déjà même, il était question de la grande ligne canadienne qui relie aujourd'hui l'Atlantique au Pacifique et nous permet d'aller de Paris à New-Westminster, ou à Saint-Albert, en moins de trois semaines, en attendant que les nouvelles lignes projetées nous conduisent en un mois jusqu'au fleuve Mackenzie et au centre de nos Missions de l'extrême Nord. Les bateaux à vapeur commençaient à remonter la Saskatchewan jusqu'à Edmonton, à trois lieues de Saint-Albert. De toutes parts s'organisaient des sociétés financières pour exploiter les richesses de ces vastes régions, à peine explorées jusque-là, et y attirer de nombreux colons. Le gouvernement du Canada, ayant acquis de la Compagnie de la baie d'Hudson les territoires du Nord-Ouest, annonçait l'intention de les coloniser à tout prix, et offrait des terres à tous ceux qui viendraient s'y établir. Une nombreuse tribu de Mennonites, venue d'Allemagne et de Russie, répondait à cet appel et se fixait dans la province de Manitoba. Les Mormons eux-mêmes envoyaient dans cette province quelques-uns de leurs ministres, avec la mission de convertir à leur culte infâme « les infidèles de la Rivière-Rouge. » Mais dans cette vaste immigration, les protestants étaient de beaucoup les plus nombreux et les plus influents, et malheureusement parmi eux il y avait beaucoup d'Orangistes fanatiques et hostiles à notre sainte religion.

Placé à l'entrée du Nord-Ouest, et voyant le premier flot de cette redoutable inondation atteindre son diocèse, Mgr Taché en avait le cœur navré. Mgr Grandin ne prévoyait pas sans terreur que l'heure de l'épreuve sonnerait aussi pour lui, à mesure que cette marée montante gagnerait la prairie et le territoire de la Saskatchewan. Aujourd'hui, avec l'achèvement du grand chemin *Canadian-Pacific*, cette prévision est en voie de se réaliser sur une vaste échelle.

« Quant à nous, disait le P. Légeard, au milieu de nos lacs et de nos marais, au sein de cette forêt aux arbres rabougris, qui couvre notre pays, nous jouirons longtemps encore, je l'espère, d'un peu de tranquillité. Jamais la colonisation n'arrivera jusqu'ici en grand, car il est impossible d'y songer à une culture sérieuse et profitable. »

Le bon Père profitait de cette tranquillité pour consolider l'établissement de la Mission, et affermir tout le monde autour de lui dans la vigueur de l'esprit chrétien. Sous sa ferme direction, tout avait pris une régularité et une consistance qui donnaient à l'Ile à la Crosse le caractère d'une chrétienté admirable, et qui en faisaient l'un des coins du monde les plus bénis de Dieu et les plus heureux.

Laissons-lui la parole pour nous dire quelques-unes de ses consolations, achetées d'ailleurs par tant de travaux et de souffrances.

« Vous trouverez peut-être extraordinaire, écrit-il au R. P. Martinet, que je ne fasse mention d'aucune conversion d'adultes, soit parmi les hérétiques, soit parmi les infidèles qui doivent se trouver dans la Mission de l'Ile à la Crosse. En fait de protestants, il y en a seulement une vingtaine ici, au fort, hommes, femmes ou enfants. Ce sont tous des gens attachés au service de la Compagnie, ordinairement pour deux ou trois ans, et qui le plus souvent s'en retournent, leur engagement fini. De temps en temps cependant, mais bien rarement, nous recevons quelques abjurations. Au printemps dernier, j'ai eu la consolation de recevoir celle d'une femme métisse anglaise, mariée depuis quelques années à un de nos métis canadiens-français. Depuis longtemps elle était sollicitée par la grâce, mais elle résistait. Elle avait peur, elle craignait ses coreligionnaires ; il a presque fallu un miracle pour la soumettre. Enfin le bon Dieu a eu le dessus ; elle est venue d'elle-même et je n'ai eu qu'à l'instruire. On lui a bien fait un peu de misères dans les commencements ; maintenant, on la laisse à peu près tranquille. Quelques jours après son abjuration et son baptême, elle avait le bonheur de faire sa première communion le jour de Pâques. Que Dieu est bon pour les cœurs simples ! Depuis sa conversion, cette pauvre femme a reçu, on peut le dire, le don de la prière ; on dirait qu'elle ne peut se rassasier de prier ; la confession et la prière sont un besoin pour elle. Puisse-t-elle persévérer toujours dans ces heureuses dispositions ! Je l'espère, car elle aime bien le Sacré-Cœur et la sainte Vierge.

« Quant aux infidèles, on peut dire qu'il n'y en a plus parmi les sauvages du district de l'Ile à la Crosse qui appartiennent à cette Mission. Voici, d'ailleurs, ce que Mgr Grandin a consigné lui-même dans notre registre des actes de baptêmes, mariages, etc., etc., lors de la plantation de la croix qui clôtura la mission du printemps 1875 :

« Le 20 juin 1875, nous soussigné, avons clôturé la mission des sauvages qui fréquentent la Mission de Saint-Jean-Baptiste de l'Ile à la Crosse, par la bénédiction solennelle et l'érection d'une belle croix en bois, longue de 35 pieds, sur le coteau qui s'élève à quelques arpents au sud de la Mission. Il y a dix-sept ans, nous élevions une croix à la même place, et nous sommes heureux de constater aujourd'hui que depuis ce temps notre sainte religion a fait dans le pays des progrès que vraiment on n'aurait pas osé espérer alors. On peut dire aujourd'hui que tous les sauvages sont chrétiens et catholiques, et généralement bons chrétiens et bons catholiques. Que Dieu en soit à jamais béni ! »

« Cela ne veut pas dire cependant, ajoute le P. Légeard, qu'il n'y ait rien de défectueux parmi nos sauvages et que tout marche à merveille. Non, malheureusement ; un certain nombre d'entre eux ont besoin d'être suivis de près et rappelés souvent à l'ordre. Parmi les Montagnais surtout, qui restent loin de la Mission et qui connaissent bien imparfaitement encore notre sainte religion, de grands désordres se produisent parfois : il a fallu même, il n'y a pas bien longtemps, en excommunier quelques-uns ; mais, Dieu merci, ces faits deviennent de plus en plus rares, et maintenant surtout que la Mission est consacrée au Sacré-Cœur, cela ira mieux encore, nous l'espérons. »

CHAPITRE VINGT-DEUXIÈME

Sollicitudes du P. Légeard pour le soutien temporel de la Mission.

Telle était la situation prospère que le P. Légeard avait le bonheur de constater à l'Ile à la Crosse en 1877. Il aimait à attribuer l'honneur de cette prospérité aux missionnaires qui l'avaient précédé, surtout à Mgr Taché et à Mgr Grandin, ces vrais fondateurs de la foi catholique dans cette contrée.

Appelé à recueillir leur héritage, il avait tout fait, n on seulement pour le conserver intact, mais encore pour l'accroître et l'embellir. Sous sa ferme et sage administration, la Mission avait atteint son plein développement; elle ressemblait à une moisson mûre, et lorsqu'il regardait autour de lui, dans un rayon de cinquante lieues, le P. Légeard pouvait dire, en pensant à l'état lamentable où se trouvaient les sauvages trente ans auparavant : « Les aveugles voient, les boîteux marchent, les lépreux sont guéris, les sourds entendent, les morts ressuscitent, les pauvres sont évangélisés (1). »

C'était sa grande consolation, et la meilleure récompense qu'eût ambitionnée son zèle. Mais pour mériter cette glorieuse récompense, à combien de pénibles travaux, de dures épreuves et de privations de tout genre n'avait-il pas dû se vouer. Depuis neuf ans, les peuples le voyaient avec admiration réaliser au milieu d'eux, et en leur faveur, l'idéal du fidèle ministre de Jésus-Christ et du dispensateur des grâces de Dieu, et, malgré ses continuelles infirmités, pourvoir aux besoins spirituels et temporels de son troupeau avec une charité et une patience que rien ne lassait.

Nous avons vu la belle organisation du service des âmes à l'Ile à la Crosse : ces missions périodiques du printemps et de l'automne, où les sauvages venaient en grand nombre renouveler leur ferveur, et qui donnaient lieu à de si touchantes manifestations religieuses ; ces voyages nombreux qu'entreprenaient les Pères, soit pour visiter les malades qui les appelaient, quelles que fussent la distance et la saison, soit pour évangéliser les pauvres sauvages qui n'avaient pu se rendre à la réunion générale ; et ce bel établissement de l'Ile à la Crosse qui, par la communauté des missionnaires et le couvent des Sœurs, par sa gracieuse église, son orphelinat, son hôpital et son école, ressemblait à cette *lampe ardente et brillante* dont parle l'Écriture, et projetait sa lumière et sa chaleur sur tous les points du vaste réseau dont la Mission de Saint-Jean-Baptiste était le centre et chef-lieu.

(1) Matth, xi., 5.

C'était à fortifier ce point central, tête et cœur de toute la Mission, que le P. Légeard mettait sa principale application. Le récit de sa vie de missionnaire nous l'a montré dans l'exercice d'une constante sollicitude pour le soutien de ses œuvres ; toujours en quête de ressources pour conserver sa chère école et ses orphelins ; sans cesse aux prises avec une détresse dont d'autres se fussent découragés ; ne perdant jamais son calme imperturbable, fondé sur une invincible confiance en Dieu ; et, comme pour provoquer les miracles de la Providence, se tenant toujours prêt à recueillir de nouveaux enfants ou de nouveaux malades, bien loin de penser à en diminuer le nombre.

Ce nombre s'accroissait chaque année. En 1877, la Mission avait à sa charge soixante-dix personnes. Elle en avait quatre-vingt-huit l'année suivante, et quatre-vingt-seize en janvier 1879.

Il ne suffisait pas de nourrir tant bien que mal cette nombreuse famille ; il fallait encore donner un salaire en argent aux serviteurs ou engagés. C'est ainsi que le pêcheur de la Mission prélevait à lui tout seul 625 francs. Pendant l'hiver, pour pêcher sous la glace, deux hommes étaient nécessaires. C'était donc un second pêcheur à payer. « J'ai compté, écrivait le P. Légeard, que notre pêche seule, avec le fil à rêts, nous revient à 1,500 francs par an. »

« Une chose aussi qui nous tue, ajoutait-il, c'est le transport des divers objets que nous sommes obligés de faire venir de la Rivière Rouge, de France ou d'Angleterre. L'an dernier, pour faire venir de York-Factory, sur la baie d'Hudson, un poêle qui nous coûtait 125 francs, il nous a fallu payer 225 francs de port ; jugez par là de tout le reste (1). »

Pour faire face à tant de besoins, la Mission ne recevait de l'Évêque de Saint-Albert qu'environ 10,000 francs par an, pris sur l'allocation de la Propagation de la Foi. Si insuffisante que fût cette somme, il faut convenir qu'elle était une brèche considérable au maigre budget du pauvre Évêque qui avait

(1) Lettre à son oncle, 7 juillet 1870.

à pourvoir à tant d'autres missions. Quelques centaines de francs, provenant des honoraires de messes et de quelques rares rétributions d'école, complétaient les ressources sur lesquelles on pouvait à peu près compter. « Pour tout le reste, disait le P. Légeard, nous comptons sur la Providence, et elle ne nous fait pas défaut. »

L'appel à la charité devint l'une de ses plus grandes occupations. Son état maladif, en l'obligeant à garder la résidence, servit fort bien les intérêts de la Mission. Il ouvrit une correspondance active avec l'Amérique et l'Europe. Toutes ses lettres exposaient les besoins de ses œuvres et sollicitaient des secours. Quand il écrivait à ses parents, il n'oubliait guère de les stimuler à faire de la propagande en sa faveur, et à s'imposer personnellement tous les sacrifices possibles pour l'aider à recueillir des orphelins sauvages, à étendre le bienfait de l'éducation catholique, et à promouvoir le règne de Dieu dans le vaste district dont il avait la charge. Nous aimons à dire que de ce chef lui vinrent d'abondantes ressources en argent ou en nature.

« Si j'osais, écrivait-il à son oncle, je vous demanderais de vouloir bien faire quelque chose pour nos pauvres enfants. J'ai calculé qu'avec 100 francs par an, on peut habiller et nourrir un enfant; ne pourriez-vous trouver dans votre paroisse une ou plusieurs personnes qui se chargeraient de l'entretien d'un de nos orphelins, ou qui du moins s'engageraient à fournir annuellement 50 francs pour l'habiller; nous nous chargerions de le nourrir. J'ose espérer qu'il se rencontrera de bonnes âmes qui se feront un bonheur de contribuer, au prix d'un si mince sacrifice, à sauver quelques-uns de ces petits sauvages, si chers au bon Dieu. Vous me ferez plaisir en voulant bien vous occuper de cela (1). »

Ses relations avec l'Amérique n'avaient pas moins de succès. Il s'adressait aux personnes qu'il avait connues à la Rivière Rouge et ailleurs, ou à d'autres dont il avait simplement entendu parler, et le plus souvent à des protestants.

(1) Lettre du 7 mars 1877.

« Dieu merci, dit-il, mes efforts ont été bénis. Dernièrement, un protestant m'envoyait pour nos orphelins 250 francs, avec promesse de pareille somme pour l'an prochain. D'un autre j'ai reçu 50 francs, d'un troisième 75 ; du Canadien catholique chez qui je restais, quand j'étais à Pimbina, 50 francs. J'ai fait en somme une assez bonne recette. »

Pendant l'été de cette année 1877, sa santé étant devenue un peu meilleure, le Père en profita pour aller faire une collecte dans les pays circonvoisins. Il rendait compte de cette excursion dans une lettre à son oncle, au commencement de janvier 1879. Cette lettre malheureusement nous fait défaut. C'est une lacune regrettable qui laisse dans l'ombre de nombreux détails intéressants durant les années 1877 et 1878. Nous ne pouvons ainsi savoir quelles localités le P. Légeard visita. Une lettre à sa belle-sœur, en date du 13 janvier 1879, fait mention de ce voyage. Voici ce que nous y lisons : « J'ai fait un grand voyage qui a duré deux mois et demi. C'était la première fois que je quittais la Mission depuis que j'y suis arrivé. Pendant ce voyage, j'ai beaucoup quêté pour nos enfants, pour nos orphelins. Je me suis adressé un peu à tout le monde, même aux protestants qui sont en assez grand nombre dans le pays où je suis allé. Dieu merci, tous, protestants et catholiques, m'ont beaucoup donné, et je suis revenu apportant pour plus de 1.500 francs de vivres et de provisions de toute nature. Ne soyez pas trop étonnée que des hérétiques soient aussi généreux pour nous. Ici la plupart des protestants ne sont pas fanatiques comme en France. Bon nombre d'entre eux sont protestants, non par conviction, mais uniquement parce qu'ils sont nés de parents protestants. Bien souvent, ils nous respectent plus, nous prêtres catholiques, que leurs ministres. Nous avons beaucoup d'amis parmi eux, et en général presque tous les hommes influents du pays nous reçoivent bien et sont contents de nous voir. »

Veut-on savoir comment étaient administrées les ressources qu'on se procurait avec tant de peine et de tant de points divers ? L'épargne la plus stricte était la grande loi de l'Ile à la Crosse. Missionnaires et religieux, serviteurs et enfants, tous savaient se contenter de peu. Dans le maniement des vivres, les Sœurs grises accomplissaient de véritables miracles d'économie. Pas de jour qui ne portât l'empreinte de la plus grande pauvreté ; mais l'indispensable ne manquait jamais, et la santé générale, ainsi que la joie et l'entrain, ne laissait pas d'être satisfaisante.

On tirait de la terre tout ce qu'on pouvait. Nos Frères travaillaient à la ferme avec une ardeur que ne décourageaient ni l'inclémence des saisons, ni les mauvaises récoltes. « Sous ce rapport, écrivait le P. Légeard, la mission de l'Ile à la Crosse est une des plus pauvres du Vicariat. En 1875, nos récoltes ont été bonnes pour l'orge et les pommes de terre, mais non pour le blé. Il nous a fallu passer presque tout l'hiver sans une bouchée de viande fraîche, n'ayant pour toutes provisions qu'environ 250 livres de mauvaise farine de froment et 100 livres de farine d'orge ; et cela pour seize personnes (je ne parle ici que des Pères, Frères, Sœurs et personnes de service, car pour nos enfants nous ne leur en donnons jamais), ce qui ne faisait pas même une livre par jour à partager entre seize personnes. Si du moins nous avions eu de la viande sèche et du pémikan ! Ces provisions, si communes dans le Nord, nous faisaient défaut. Nous nous sommes bien procuré quelques lièvres ; mais ce gibier est une pauvre nourriture, et celui qui n'a que cela fait triste chère. Heureusement, les pommes de terre ne nous manquaient point ; nous avions de l'orge pour faire de la soupe, et du poisson très suffisamment.

« Nous sommes tous les enfants de la Providence, mais ici, je crois, plus que partout ailleurs. Notre pain quotidien, c'est le poisson, et ce pain quotidien, il faut aller le chercher tous les jours et en toute saison dans le lac. Il se fait quelquefois désirer ; cependant nous n'en avons jamais manqué. Il est vrai que nous le payons assez cher, surtout quand il est rare. L'hiver dernier, il nous fallait jusqu'à 250 livres de poisson par jour, sans compter les pièces de qualité inférieure, que nous réservons pour les chiens. Depuis quelques années, afin d'en avoir davantage et de pouvoir nourrir tout notre mondo, nous nous adressons aux âmes du purgatoire avec une dévotion particulière, et nous les prions de prendre en mains nos intérêts (1). »

Un coup d'œil sur l'état des constructions de la Mission complètera cet aperçu du temporel à l'Ile à la Crosse.

« En somme, écrit le P. Légeard; notre position tend à s'améliorer tous les jours. Nos habitations sont commodes. Les Sœurs sont assez grandement logées, et nous, nous sommes au large. Les dégâts causés par les inondations sont à peu près réparés. On peut donc dire en général que la Mission est sur un bon pied. Elle sera presque remise à neuf après les travaux que nous nous proposons de faire l'été prochain. Cette année, nous avons entrepris de réparer notre église, et de recouvrir d'une nouvelle couche de peinture tout l'extérieur qui est lambrissé avec des planches. C'était un travail nécessaire, qui aurait dû être fait depuis longtemps, car le bois commençait à pourrir. Nous avons ouvert pour cela une souscription ; je ne m'attendais qu'à une somme peu considérable, cependant suffisante pour ce que nous voulions faire. Grâce à Dieu, nos espérances ont été dépassées. Non seulement nos catholiques, mais encore les officiers protestants de la Compagnie nous ont donné généreusement. Les sauvages eux-mêmes se sont mis de la partie, ce qu'ils n'avaient encore jamais fait, de telle sorte que nous avons recueilli trois fois plus que je n'espérais. Une fois les réparations finies, notre petite église sera réellement belle. Elle a été enrichie d'un objet qui a pour nous un grand prix. C'est un tableau de moyenne grandeur, qui nous vient du monastère de la Visitation d'Autun ; il représente Notre-Seigneur apparaissant à la bienheureuse Marguerite-Marie et lui découvrant son divin Cœur. Ce tableau a été bénit par Mgr Grandin, et placé dans notre église le 4 juin 1875, jour où Sa Grandeur consacra notre Mission au Sacré-Cœur (2). »

(1) Missions, xv, 327.
(2) Missions, xv, 327.

On voit par ce qui précède où était le cœur du P. Légeard. Il était tout entier à l'œuvre de Dieu et aux intérêts de sa gloire. Les recherches personnelles et les préférences terrestres en étaient absolument exclues. Conduit par la main de Dieu dans ce coin de l'Amérique, et constitué le père et le pasteur de tout un peuple, ce parfait missionnaire avait reçu de la grâce de sa vocation la claire intelligence des dispositions apostoliques qu'exigeait le noble mandat que le Ciel lui confiait. Tout pour les âmes, rien pour lui-même! Telle fut sa règle constante. A l'exemple de l'apôtre saint Paul, il pouvait se rendre le témoignage que s'il appréciait le bienfait de la vie et de la santé, c'était uniquement en vue d'exercer le ministère de la parole, d'accomplir sa tâche, reçue du Seigneur Jésus, et de prêcher l'Évangile (2).

Le *zèle de la maison de Dieu* le pénétrait profondément. Pour lui la maison de Dieu, c'était l'Ile à la Crosse, cette chère mission où tant de pauvres sauvages venaient chercher la lumière, la force et les consolations de la foi ; vers laquelle, de tous les points de l'horizon, ils aimaient à se tourner, dans toutes les détresses de la vie et de la mort, comme vers l'étoile qui éclairait pour eux le chemin du ciel, et leur montrait, dans les robes noires, leurs véritables et meilleurs amis.

Avec quel amour il s'employait à embellir et à compléter cet établissement ! Il ne lui en coûtait pas de se faire mendiant, soit pour décorer sa chère église et pourvoir aux solennités du culte, si vivement goûtées par ses néophytes, soit pour l'entretien de son école et de ses orphelins. Il avait conscience de servir en cela autant les intérêts de ses bienfaiteurs que ceux de la mission. On aime à le voir concentrer sur ce théâtre de son apostolat le regard et la charité d'une foule de chrétiens d'Europe et d'Amérique. Le mot de Notre-Seigneur : « Demandez et vous recevrez », trouvait là son accomplissement dans des circonstances particulièrement touchantes.

(2) Nec facio animam meam pretiosiorem quam me, dummodo consummem cursum meum et ministerium verbi, quod accepi à Domino Jesu, testificari evangelium gratiæ Dei (Act , xx, 24.)

Pour lui encore, la maison de Dieu, c'était surtout son âme d'apôtre et de religieux. Du bon ordre et de la beauté de ce sanctuaire intime dépendaient l'édification de sa vie et le succès de son ministère. On se souvient de ses continuelles instances auprès de ses parents et de ses amis pour obtenir par leurs prières de devenir un saint. C'était mettre en pratique le mot du prophète : *Zelus domus tuæ comedit me.* La sainteté fut toujours, dès ses premiers pas dans l'état religieux, l'objet de ses plus vives poursuites. C'est en cela qu'apparurent en lui cette faim et cette soif de la justice, que Notre-Seigneur nous donne comme l'un des traits caractéristiques de la perfection. Chez lui, le religieux régulier et fervent précéda le missionnaire, pour l'accompagner ensuite, éclairer son chemin et lui conférer, avec les ardeurs du zèle, la prudence qui prépare le succès, et l'humilité qui le consolide en le marquant de l'esprit de Dieu.

Le P. Légeard avait une belle âme, où abondaient l'amour de l'Église et l'esprit de notre Congrégation. L'ensemble de sa vie nous le présente réalisant le magnifique tableau que notre vénéré Fondateur a tracé du parfait Oblat :

« Ardemment épris de sa sanctification; plein d'abnégation de lui-même, et faisant bon marché de ses aises pour ne s'occuper que de la gloire de Dieu, du bien de l'Église et du salut des âmes ; sans cesse appliqué au bon état de son intérieur, au mépris de lui-même et au ferme désir d'atteindre à la perfection ; attentif à se montrer en tout humble, doux et obéissant ; dévoué de cœur aux pratiques de la pauvreté, de la pénitence et de la mortification ; absolument détaché du monde et de toute affection déréglée pour ses parents ; dévoré de zèle et se sentant redevable de son temps, de ses forces et de ses talents, de sa santé et de sa vie à Jésus-Christ, auteur de sa vie religieuse et rémunérateur de son apostolat; toujours prêt à payer de sa personne et à se sacrifier sans réserve à l'amour de ce divin Maître, à l'extension de la sainte Église et au salut des âmes les plus abandonnées (1). »

(1) Préface de nos Constitutions.

Tel fut bien notre cher missionnaire dans la noble carrière où Dieu l'avait engagé, et où il soutint jusqu'à la fin le bon combat avec un courage qui répondait à l'exhortation du grand Apôtre : *Travaillez comme un bon soldat de Jésus-Christ* (1).

Ce combat n'allait pas tarder à recevoir sa récompense. Tout avertissait le P. Légeard de sa fin prochaine. Quoique bien jeune encore, il succombait sous le poids de ses infirmités, et il pouvait déjà dire : « *J'incline vers la tombe, et le temps de ma mort n'est pas loin* (2). »

Il ne nous reste plus en effet qu'à raconter le déclin de cette existence si bien remplie, quoique tranchée dans sa fleur.

CHAPITRE VINGT-TROISIÈME

Derniers travaux du P. Légeard. — Sa mort.

Le 10 mars 1877, le P. Légeard écrivait à sa tante Marie, sœur de M. l'abbé Lair Lamotte, ancien vicaire de Chantrigné, alors curé d'Izé :

« Je sens le besoin de vous dire la vive reconnaissance que je garde en mon cœur pour la tendre affection que vous m'avez témoignée, quand vous m'avez tenu lieu de ma pauvre mère, trop tôt perdue. Non, jamais je n'oublierai vos bontés, dussé-je vivre longtemps, ce qui n'est pas probable ; car je commence déjà à me faire vieux. Si j'arrivais à Izé à l'improviste, je crois que vous auriez bien de la peine à me recon-

(1) Labora sicut bonus miles Christi Jesu. (II Tim., II, 3.)

(2) Ego enim jam delibor et tempus resolutionis meæ instat. (II Tim., IV, 6.)

naître. J'ai déjà bien des cheveux blancs. On me donne ici plus de quarante ans, quoique je n'en aie pas encore trente-quatre. Il y a dans notre école plusieurs enfants que j'ai baptisés; quand je les vois, il me semble que je suis comme un vieux grand-père dans le pays. Voilà bientôt neuf ans que je suis de résidence à l'Ile à la Crosse. Je ne demande à Dieu de m'y conserver encore qu'afin de le faire connaître et aimer de nos chrétiens, chez qui je trouve tant de bonne volonté !... »

Ces lignes nous révèlent, dans cette vieillesse précoce du P. Légeard, son rapide acheminement vers la fin de sa carrière. Sa santé ne se soutenait, ce semble, depuis quelques années, que par une protection sensible de la Bienheureuse Marguerite-Marie, non toutefois sans de continuelles souffrances qui activaient le travail de la mort. La grande abondance d'humeurs dont ses jambes avaient tant souffert, s'était étendue à tout son corps, en y déterminant un embonpoint qui n'était que de la bouffissure, et qui faisait craindre les plus graves accidents.

Ce triste état de sa santé le condamnait à la résidence. Durant les trois dernières années de sa vie, il s'éloigna trois fois seulement de l'Ile à la Crosse. La première de ces excursions eut lieu durant l'été de 1876; elle fut toute d'agrément et de repos. Le Père la raconte en ces termes :

« Nos Frères et nos hommes étant occupés, à quatre ou cinq lieues d'ici, à faire du foin pour notre troupeau, sur les bords d'une rivière, je suis allé passer trois jours avec eux. Ce petit voyage m'a fait beaucoup de bien. J'avais pris avec moi un vieux sauvage et sa femme pour me conduire. Ces deux bons vieux, maintenant retirés à la Mission, avaient été mes premiers maîtres de langue crise ; j'étais avec eux comme en famille. Le Frère chargé de garder nos orphelins, nous fit escorte dans un petit bateau, avec ceux de ses enfants qui n'étaient pas allés en vacances. Nous voguions doucement sur l'azur du lac, sans nous gêner, en vrais amateurs. Comme c'était la première fois, depuis longtemps, que je m'éloignais de la Mission, on y était un peu inquiet, et moi aussi. Grâce à Dieu, tout s'est bien passé ; je suis revenu plus fort qu'au départ. Si je continue à être mieux, j'espère, l'été prochain, faire quelques voyages dans le district. Si le bon Dieu le permet, je vous en donnerai des nouvelles plus tard (1). »

Cette espérance se réalisa. La santé du Père se trouva assez bonne, dans l'été de 1877, pour lui permettre d'entreprendre la grande excursion de charité en faveur de ses œuvres, dont nous avons parlé dans le chapitre précédent.

La Rév. Sœur Agnès, supérieure du Couvent, était alors absente ; elle avait dû se rendre à Montréal pour y prendre part au Chapitre général de sa Congrégation. C'est pendant cette absence que mourut la Sœur Dandurand, qui, en janvier 1869, avait été si providentiellement ramenée des portes du tombeau par le recours à la Bienheureuse Marguerite-Marie, sous l'inspiration du P. Légeard. Elle remplissait les fonctions de Supérieure intérimaire. Souffrant du cœur depuis longtemps, elle entra définitivement à l'infirmerie le 27 septembre 1877, et endura de cruelles souffrances jusqu'au 8 novembre, jour de sa mort. La nuit qui précéda, le P. Légeard demeura près d'elle jusqu'à une heure après minuit, où il alla dire la messe pour la pauvre agonisante. Celle-ci eut assez de force pour le remercier. Souvent elle demandait : « Quelle heure est-il ?... Ah ! elle est arrivée, cette heure... Oui, oui, c'est l'heure de mourir. Marie, ma bonne mère, secourez-moi. » — Le Père revint après sa messe et lui donna la sainte absolution. « Ah ! disait-elle, je voudrais bien ne pas me plaindre, mais ! ! .. » Enfin elle perdit la parole en conservant toutefois sa connaissance.
Pendant son agonie, le Père lui renouvela la sainte absolution, après quoi on l'entendit murmurer : « Mon Dieu !... mon Dieu !... » Et elle expira.

« Cette digne religieuse, écrivait le P. Légeard, est morte comme une vraie sainte. Elle avait une quarantaine d'années. »

Ses obsèques eurent lieu le 10 novembre. Le P. Légeard chanta la messe, à l'issue de laquelle toutes les Sœurs du

(1) Lettre à son oncle, 7 mars 1877.

couvent entourèrent le cercueil et l'accompagnèrent au cimetière, suivies d'un nombreux cortège où les catholiques de la Mission et les protestants du Fort étaient unis dans une sainte communauté de regrets et de vénération. Elle fut enterrée au milieu des sauvages qu'elle avait tant aimés. Ces pauvres Indiens vinrent en grand nombre prier sur la tombe de la *Sainte Fille de la prière,* et pleurer celle qui depuis quatorze ans n'avait vécu que pour eux et avait tant travaillé à leur évangélisation.

« Sœur Dandurand, dit Mgr Grandin, s'était employée avec un grand zèle à l'éducation des petits sauvages et à l'assistance des pauvres vieilles abandonnées. Elle était la meilleure auxiliaire des missionnaires. Fort habile à la couture, elle rendait les plus grands services; grâce à elle, les enfants étaient tenus fort proprement, et convenablement vêtus. Elle raccommodait, réparait, remettait à neuf avec un merveilleux talent, et nous épargnait bien des dépenses (1). »

Les Pères de l'Ile à la Crosse voulurent témoigner leur reconnaissance à cette sainte fille en célébrant trente-cinq messes pour le repos de son âme.

Bientôt après, la sainte joie des fêtes de Noël vint faire diversion à la tristesse de cette séparation. Les sauvages y accoururent en grand nombre. Ils furent ravis de bonheur, à leur entrée dans l'église, en lisant ces deux mots : *Venite, adoremus,* traduits en cris et en montagnais sur une banderolle au-dessus d'une belle crèche, et en se prosternant devant l'image de l'enfant Jésus qui leur ouvrait ses petits bras. La messe de minuit et celle de l'aurore furent très solennelles. Il y eut cent quatre-vingts communions. Les sauvages y chantèrent leurs plus beaux cantiques avec une ferveur touchante et un merveilleux entrain.

La fête de Noël avait le don de parler à leur cœur et de raviver leur dévotion. L'année précédente, lisons-nous dans le Journal des Sœurs grises, « ils étaient venus de partout si nombreux, que nous eûmes beaucoup de difficulté à appro-

(1) Missions, XIX, 258.

cher de la sainte Table. Le chœur était rempli jusqu'au marchepied de l'autel. Sur le soir plusieurs sauvagesses vinrent nous toucher la main, et encore tout émues de bonheur, elles disaient : « Merci, mon Dieu, parce que nous ne sommes pas mortes avant d'avoir vu ce beau jour ! Nous avons bien souffert du froid, mais n'importe, nous sommes contentes d'être venues. »

« Or il faut noter que tous ces bons sauvages avaient dû, pour se procurer ce bonheur, franchir une distance de deux, trois ou quatre jours de marche sur la glace, les femmes portant un enfant sur le dos, par un froid intense, mal vêtues comme toujours, et presque à jeun. Oh ! qu'un jour ces enfants des bois, si peu instruits, si privés des secours de la religion, et pourtant si fervents et si généreux, pourront s'élever avec raison contre tant de chrétiens indifférents qui, dans nos vieux pays, ne font pas un pas pour assister aux offices de l'Église et participer aux sacrements. »

C'est par les consolations que leur apportaient de telles journées, que les missionnaires de l'Ile à la Crosse s'estimaient surabondamment payés de leurs fatigues et de leurs privations, en attendant le ciel.

On devine aisément la douce émotion dont le cœur du P. Légeard devait être pénétré, en voyant la piété de ses chers néophytes éclater dans ces circonstances avec cette naïve simplicité et ce fervent empressement. Que sa chère Mission lui apparaissait belle alors ! Et qu'il s'estimait heureux d'avoir reçu cette part dans le grand héritage d'apostolat attribué à notre Congrégation !

Cependant, dès cette fête de Noël 1877, la santé du P. Légeard, qui avait paru se relever pendant l'été, devint de nouveau chancelante. Il suivit sans doute les inspirations de son zèle plus que ne le voulait la prudence ; car, n'ayant pas pris les précautions qu'exigeait le froid terrible des premiers temps de l'hiver, ses jambes mal guéries recommencèrent à enfler, et il dut passer à l'infirmerie une partie du mois de janvier 1878.

Dès qu'il se sentit un peu mieux, il reprit ses occupations

ordinaires. Mais ce ne fut pas pour longtemps. Au mois de mars, ne pouvant presque plus marcher, il se vit forcé de regagner l'infirmerie et d'y rester, cette fois, jusqu'à la fin de juillet.

Pendant ces quatre ou cinq mois de réclusion forcée, le Père ne fut pas inactif. Sa chambre était ouverte à tous ceux qui avaient à lui parler. C'est de là qu'il gouvernait la Mission, prévoyait toutes choses, et faisait sentir partout l'action de sa sollicitude. Grâce à cette vigilance, parfaitement secondée par les PP. Legoff et Chapelière, qui venaient tous les jours prendre les ordres de leur Supérieur, rien ne souffrit de ce long séjour à l'infirmerie.

C'est pendant ce temps-là qu'eut lieu la mission du printemps. Les sauvages arrivèrent nombreux vers la fin de mai. Leur misère était grande. N'ayant rien à manger, ils jeûnaient, et assistaient, pâles et amaigris, aux saints exercices. Touché de voir d'un côté tant de détresse et de privations, et de l'autre tant de ferveur et d'empressement à profiter des grâces de la mission, le P. Légeard leur fit faire une distribution de soupe chaque jour pour les empêcher de mourir de faim. Cette charité leur permit de suivre les exercices jusqu'au bout.

Le repos de l'infirmerie fut favorable au P. Légeard. Il se retrouva assez fort au commencement d'août, pour tenter une excursion pastorale dans le district. Parti en canot d'écorce, sous la conduite d'un chef sauvage et de deux métis, il fut absent vingt-trois jours. Sa correspondance ne nous dit pas quels furent les lieux visités dans ce voyage, mais elle semble insinuer que d'autres sorties moins longues suivirent celle-là. « Maintenant que je suis mieux, écrivait-il à sa belle-sœur, le 13 janvier 1879, j'aime à voyager, le grand air me fait du bien. Il est vrai que la nourriture est peu engageante, et qu'il faut coucher sous la tente, et presque sur la terre nue. Mais ce sont des détails secondaires ; on s'y habitue aisément, et pour mon compte je m'accommode fort bien de cette vie en camp volant. »

Vers la fin d'août, on vit arriver à l'Ile à la Crosse la

Révérende Sœur Agnès, supérieure du couvent, qui revenait de Montréal. Elle était accompagnée par le Frère Landry, que la province du Canada, toujours si secourable à nos missions du Nord, envoyait pour remplacer le Frère Némoz. A cette occasion, le P. Légeard écrivit, le 16 septembre 1878, au R. P. Boisramé, maître des novices à Lachine. Il lui exprime la joie que lui cause la venue de cet excellent Frère, et lui dit le grand besoin qu'aurait la Mission d'en recevoir plusieurs autres. A défaut de Frères, on est obligé d'engager des hommes du pays, lesquels tombent à la charge de la Mission avec leurs familles, ce qui devient très onéreux. Il a un souvenir d'affectueuse compatissance pour le bon P. Lemoine, son compagnon de professorat au juniorat de Notre-Dame de Lumières. Le F. Landry l'avait laissé bien malade à Notre-Dame des Anges, où il professait la philosophie. Mais déjà ce doux et saint religieux avait rendu sa belle âme à Dieu (18 juillet 1878). « Quant à moi, ajoute le P. Légeard, je traîne toujours. Actuellement cependant je me sens mieux que je n'ai été depuis quatre ans. Mes pauvres jambes sont enfin complètement guéries, ou à peu près. »

La fin de cette année 1878 fut tristement marquée par une épidémie de fièvre scarlatine, qui sévit principalement sur les enfants de l'école, et de là se répandit dans la plupart des maisons de l'Ile à la Crosse et des environs; plusieurs enfants et autres personnes y succombèrent. Le P. Légeard était alors seul à la mission. La visite des malades l'occupa beaucoup.

C'est dans ces circonstances qu'écrivant, le 10 janvier 1879, à sa tante Marie qui d'Izé était revenue se fixer à Mayenne, où elle est morte saintement le 26 décembre 1885, il lui disait : « Priez bien pour moi, afin que je profite du peu de santé que le bon Dieu m'a rendue pour procurer sa gloire et le bien des âmes, et gagner moi-même le ciel. Adieu, c'est là, je l'espère, que nous nous reverrons un jour. »

Cet adieu devait être le dernier. Là se termine en effet la

correspondance du P. Légeard avec sa famille, cette correspondance qui nous a fourni la révélation d'un intérieur si plein de Dieu, et si richement pourvu des saintes dispositions qui font chez nous le parfait religieux et le parfait missionnaire.

La gloire de Dieu, le bien des âmes, sa propre sanctification, telles furent ses aspirations aux débuts de sa vie religieuse; telle est encore son unique pensée, à la veille d'aller voir face à face l'auteur même de cette vie religieuse, Notre-Seigneur Jésus-Christ, qu'il a uniquement aimé toute sa vie dans son divin Cœur, dans ses âmes les plus délaissées, dans sa sainte Église et dans sa petite Congrégation des Oblats de Marie Immaculée. Cette existence si constamment semblable à elle-même, et où les ardeurs de la charité allaient si bien de pair avec les lumières d'une foi vive, arrivait à son terme ici-bas.

« La vie du juste, dit l'Écriture, est semblable au soleil qui, depuis l'aube du matin, va grandissant jusqu'à son plein midi (1). » Ce progrès croissant, et sans cesse stimulé, c'est la vie des saints en ce monde, c'est principalement le caractère propre des vrais religieux. Le plein midi, pour eux, c'est le jour éternel du paradis. Notre pieux missionnaire touchait déjà, avant la fin de sa trente-sixième année, à ce sommet bienheureux. Dieu allait le recueillir comme une de ces plantes qui, en peu de temps, ont donné de belles fleurs, de suaves parfums et des fruits exquis.

La légère amélioration qui avait paru se produire dans la santé du Père ne se soutint pas. Dès ce mois de janvier 1879, où il écrivait ses dernières lettres à sa famille, cet apôtre, « qui était l'âme de l'Ile à la Crosse, dit le journal des Sœurs, mettait bas les armes, et entrait à l'infirmerie pour n'en plus sortir. » — Il fut pris de terribles douleurs névralgiques dans l'épaule et le côté gauche, douleurs si violentes qu'elles paraissaient quelquefois le réduire au désespoir. Il arpentait alors sa chambre et le corridor à pas si pressés, qu'on avait

(1) Justorum semita, quasi lux splendens, procedit et crescit usque ad perfectam diem. (Prov., IV, 18.)

de la peine à reconnaître le bon P. Légeard, habituellement si calme et si mesuré. Jamais un moment de repos, ni le jour ni la nuit. Affligé depuis quelques années d'un état pléthorique très développé, il tomba rapidement dans une maigreur extrême et perdit tout appétit.

Au mois d'avril, après Pâques, les douleurs névralgiques disparurent et firent place à des sueurs fréquentes et abondantes. Une toux continuelle se déclara et fut suivie de fortes expectorations. Il en fut bientôt tellement affaibli qu'il ne pouvait presque plus marcher. Jusqu'à la fin de sa vie, il passa toutes ses journées sur son fauteuil. Et cependant, malgré cette apparente impuissance, il ne cessa pas un seul jour de travailler pour le bien de la Mission.

La maison provisoire que le F. Bowes avait bâtie après l'incendie de 1867, et qui depuis lors était habitée par les enfants, menaçait ruine, et le P. Légeard avait entrepris de la remplacer par une construction de 80 pieds de long, sur 75 de large. Cette nouvelle maison devait servir tout à la fois d'école, d'orphelinat et d'hôpital. Le cher infirme, dans les moments de répit que lui laissait sa maladie, s'occupait activement à tracer le plan de cet important établissement, et à en prévoir la distribution aussi commode et aussi complète que possible. Il avait envoyé des hommes couper dans la forêt le bois nécessaire à ce grand travail. Au mois de mai, ces hommes revinrent à la Mission, conduisant un bel assortiment de bois de charpente. Le Père, presque mourant, se traîna jusqu'à la fenêtre pour les voir arriver. « Pauvre maison, dit-il, si je meurs !... Mon Dieu, que votre sainte volonté soit faite ! »

Il ne lui fut donné, comme à David pour le temple, que d'achever les préparatifs. Mais les PP. Legoff et Chapelière ont eu à cœur de continuer son œuvre. Ceux des nôtres qui visitent aujourd'hui l'Ile à la Crosse, y admirent la grande construction due à l'initiative du P. Légeard, et peuvent constater, dans la belle ordonnance de la Mission, le fruit de la prévoyante et sage administration de cet excellent Supérieur.

« Cependant, dit le journal des Sœurs, depuis le commencement de sa maladie, de continuelles prières se faisaient à la Mission pour obtenir sa guérison. Les sauvages, qui vénéraient en lui un protecteur et un père, disaient le chapelet dans toutes leurs loges à cette intention. Mais l'heure de la récompense allait sonner. »

Le 31 mai, il demanda à la Sœur Supérieure ce qu'elle pensait de sa position. Elle lui répondit qu'elle le trouvait très faible, et qu'elle croyait prudent qu'il reçût les derniers sacrements. Il inclina la tête, ferma les yeux et resta un moment silencieux. « Mon Dieu, dit-il ensuite, que votre volonté soit faite. » — Et à huit heures du soir, il reçut l'Extrême-Onction. Puis, se sentant fatigué, il pria le P. Chapelière d'attendre un peu pour lui appliquer l'Indulgence *in articulo mortis*. Ce Père lui demanda de bénir les enfants et tous ceux qui étaient présents. Il se recueillit un instant, puis levant un peu la tête, il leva sa main et bénit l'assistance. Tout le monde pleurait. Dès qu'il fut seul avec les Sœurs, il se leva et se mit à parler avec une facilité surprenante. Il dit qu'il ne sentait aucune douleur, excepté la terrible toux qui le tourmentait continuellement. La nuit fut très mauvaise. La Sœur Supérieure pensait que c'était l'approche de l'agonie; mais au matin du 1er juin, le malade se trouva mieux.

C'était le saint jour de la Pentecôte. La grand'messe fut chantée pour lui. Il dormit si bien durant la matinée, qu'il paraissait ensuite tout content du changement survenu dans son état. Il reprenait espérance, en répétant néanmoins souvent : « Mon Dieu, que votre volonté soit faite ! » Il baisait fréquemment avec piété sa croix d'Oblat et l'image de sa chère Bienheureuse Marguerite-Marie. Ainsi se passa la journée. Sa dernière heure cependant était venue.

Le soir, après le souper de la communauté, il se leva pour prendre quelque chose et marcha avec facilité jusqu'au fauteuil. « Ses jambes avaient de la force, disait-il, mais il pouvait à peine tenir sa tête droite. » Il prit un petit morceau de pomme sèche et quelques cuillerées de soupe. *Deo gratias !* dit-il, quand il eut fini. Le P. Chapelière entra, et trouvant qu'il avait beaucoup changé, il lui proposa de lui appliquer l'indulgence *in articulo mortis*, ce qui fut accepté avec reconnaissance. Mais avant de la recevoir, le malade demanda à être seul un instant, et les Sœurs présentes sortirent de l'appartement. Tout le monde était inquiet. On sentait que la crise suprême était imminente. La Sœur Supérieure tenait dans sa main le loquet de la porte. Tout à coup elle crut entendre le Père tomber, elle ouvrit la porte et poussa un cri qui révéla dans toute la maison la terrible réalité. Le P. Légeard était à genoux, la figure appuyée sur son lit. Le P. Chapelière se hâta de lui donner l'indulgence finale, pendant que les Sœurs le couchaient avec précaution sur des oreillers étendus sur le plancher.

Le Père était sans connaissance, ou du moins sans mouvement. Ses yeux étaient fixés sur le P. Chapelière, à genoux près de lui ; il semblait le reconnaître, mais il était mourant. Le P. Chapelière lui donna une dernière absolution. Il ouvrit et ferma les yeux plusieurs fois, puis, après un léger râle, il cessa de respirer. C'en était fait, le P. Légeard venait de passer à un monde meilleur.

Ce drame rapide s'était accompli en moins de dix minutes. Tous les assistants étaient muets de surprise, de chagrin et de détresse, en voyant leur père inanimé sur le plancher, lui qui peu d'instants avant était à table et parlait à tous avec bonté.

Nous devons les détails qui précèdent à la Sœur chargée de la classe anglaise. Elle en adressa la relation en anglais à l'un de nos Frères de Saint-Albert.

« O mon cher Frère, ajoute-t-elle, il me semble que je rêve, et lorsque nous allons au cimetière prier sur la tombe de notre saint et vénéré Père, je ne puis croire que nous l'ayons définitivement perdu. Hélas ! la vie n'est rien et le monde n'est pas digne de nous occuper. Puissions-nous nous consacrer entièrement à la gloire de Dieu !

« Cher frère, j'étais à l'école avec les enfants. Je venais de laisser le P. Légeard assis à table, en lui disant que je reviendrais encore lui souhaiter une bonne nuit. « Je suis beaucoup mieux, m'avait-il répondu en souriant, mais ma tête s'en va »... Je n'étais pas encore assise à l'école, lorsque d'une des fenêtres du couvent partit ce cri : « Le R. P. Légeard se meurt! » Tous les enfants qui jouaient dans la cour, se précipitèrent à la chapelle. C'était à fendre l'âme de les entendre prier, pleurant tout haut et suppliant le Sacré-Cœur de guérir leur Père. Si ce père mourant les a entendus, il en aura peut-être ressenti une impression pénible ; mais il était impossible d'imposer silence à la douleur de ces chers petits perdant un père si bon, si compatissant et si charitable.

« Aussitôt que mon petit troupeau se trouva en sûreté à la chapelle, je courus en haut pour voir encore une fois le vénéré móurant. Hélas ! tout était fini. Il était là, étendu sur le plancher, ayant les yeux fixes et la pâleur de la mort. Mais il semblait qu'il nous reconnaissait tous et qu'il entendait tout. Il conservait encore son habituelle apparence de calme et de paix. »

La cloche de l'église ayant annoncé son agonie, les gens du Fort et les sauvages accoururent au nombre d'au moins deux cents, pour voir une dernière fois leur père. En attendant l'ensevelissement, ils restèrent dans la cour mornes et silencieux. Les derniers devoirs étant accomplis, ces bons sauvages furent introduits auprès des restes vénérés de leur père. Après avoir satisfait leur piété filiale, ils se rendirent tous à l'église, sur l'invitation du P. Chaplière, pour y faire le Chemin de la Croix.

Les enfants à leur tour furent admis à venir prier auprès du Père défunt. Ce mort ne leur faisait pas peur. Ils ne laissaient aucune mouche se poser sur sa figure ou ses mains. Leur prière dura longtemps, entrecoupée de sanglots : « Est-il possible, se disaient-ils, que ce soit le P. Légeard ? »

« Le corps de ce Père était beau à voir. Les yeux fermés, le sourire aux lèvres, sa croix et son livre de Règles entre les mains, il paraissait heureux. On eût dit le P. Légeard vivant et en prière. Les gens qui venaient le voir disaient : « Il nous semble entendre le Père nous dire : je parais mort, mais je vis, je suis avec Dieu. »

Les deux nuits que le regretté Père passa exposé furent converties en jour. Les gens du Fort, après avoir travaillé tout le jour, venaient passer une partie de la nuit et prier près du corps inanimé de celui qu'ils avaient tant raison de pleurer.

Les obsèques eurent lieu le 3 juin ; elles furent très solennelles. Toute l'église était tendue de noir. Seule, la statue de Marie Immaculée se détachait et semblait tendre ses bras à son dévoué fils et serviteur. Les petites filles de l'école formaient une couronne autour du catafalque. Une foule nombreuse était accourue de partout : Indiens et Métis, catholiques et protestants étaient là confondus dans le même deuil, pleurant amèrement. La dame de l'officier du Fort, quoique protestante, ne fit que sangloter tout le temps du service. Ce fut au milieu de ces sanglots que le P. Légeard, si digne de tant de larmes, fut descendu dans sa fosse pour en sortir, un jour, vivant et glorieux.

On l'enterra au pied de la grande croix du cimetière. « Presque chaque jour nous allons y prier, ajoute l'auteur de la relation citée plus haut. Dans les jours qui suivirent l'enterrement, lorsque nous rencontrions quelques personnes de l'Ile à la Crosse ou des environs, elles éclataient en sanglots en disant : « Ma Sœur, nous avons perdu notre Père ! » — Ils se réunissent souvent, surtout le dimanche, pour aller prier sur sa tombe. »

« Un an après, lisons-nous dans le journal des Sœurs, le 27 mai 1880, il y eut grande réjouissance à l'Ile à la Crosse. C'était le jour de la Fête-Dieu. Après la sainte messe, le Saint-Sacrement étant exposé, nous aperçûmes, en sortant de l'église, une berge à la Grosse île. Évidemment, c'était Mgr Grandin, attendu depuis longtemps. Nous ne l'avions pas vu depuis cinq ans. Quelle joie !... Toutefois la tristesse, compagne inséparable des joies de l'exil, était là. Il manquait quelqu'un à la fête. Où était donc l'âme, le soutien de la Mission, le R. P. Légeard ? Sa place était vide, et ce vide, le bonheur même de revoir notre vénéré prélat ne le remplissait pas... »

Le saint Évêque, en touchant le rivage, devina cette impression et la partagea. Entrant aussitôt dans l'église, il y évoqua le souvenir du cher défunt avec des accents qui remuèrent profondément le cœur des assistants. « Le P. Légeard, écrivait-il ensuite, n'est plus là, la mort nous l'a enlevé, mais son souvenir est vivant, et bien que la reconnaissance ne soit pas la vertu des sauvages, je puis dire que la population est ici sous le coup d'un deuil profond. Cris et Montagnais, métis, catholiques et protestants, tous regrettent cet excellent missionnaire qui savait se faire tout à tous, et chacun se trouve personnellement atteint par sa mort. »

« Le lendemain de mon arrivée, ajoute Mgr Grandin, je fis une visite au cimetière. A l'ombre de la croix principale, placée au centre, repose notre bon P. Légeard. Il attend la bienheureuse résurrection au milieu des sauvages qu'il a instruits et baptisés, et qui l'ont précédé ou suivi dans la mort.

« A une extrémité du champ funèbre, il y a une autre croix que je distinguai tout de suite entre toutes, et aussitôt je me dirigeai vers la tombe qu'elle surmonte. C'est celle du cher Frère Dubé. Il repose entouré des petits garçons recueillis et morts à la Mission, et dont la plupart ont été soignés par lui avec la charité d'une mère.

« Je récitai encore un *De Profundis* sur la tombe de la Sœur Dandurand qui, elle aussi, a succombé à la peine. Elle est là, cette bonne Sœur, au pied d'une croix de bois, et autour d'elle reposent dans la paix les pauvres sauvagesses, les petites filles qu'elle nourrissait autrefois et habillait de l'industrie de son travail. J'ai les yeux pleins de larmes, le cœur plein de regrets, et je me dis que c'est dans ce champ tranquille, peuplé de tant de morts regrettés, que j'aimerais moi-même à trouver la place de mon repos (1). »

(1) Missions, XIX, 258.

Le voyageur qui parcourt aujourd'hui le district de l'Ile à la Crosse, peut y trouver partout la trace du fécond apostolat et des rares vertus du P. Légeard, et y recueillir le témoignage de l'universelle et profonde vénération qui s'attache à son souvenir.

Pas un sauvage ou métis qui ne parle de lui comme d'un père et d'un saint.

Si le voyageur entre dans la pauvre maison des métis ou dans la loge des sauvages, il y aperçoit, en bonne place, l'image du Sacré-Cœur, reçue de la main du P. Légeard, et, à côté, le portrait photographié de ce bon Père, que chacun considère et vénère presqu'à l'égal d'une image de saint.

C'est ce que nous avons eu le bonheur de constater nous-même, lorsque, sous la conduite de Mgr Grandin, il nous a été donné de visiter l'Ile à la Crosse, en juillet 1883, quatre ans après la mort du Père.

En entendant l'éloge de ce cher défunt sortir de toutes les bouches, en voyant des larmes aux yeux de toutes les personnes qui parlaient de lui, ce mot de l'Écriture nous revenait en mémoire : « *L'homme fidèle recevra beaucoup de louanges* (1). » Et nous nous sentions fier de voir admirablement réalisées, dans notre bon P. Légeard, ces autres paroles de nos saints Livres : « *Dieu fera de son serviteur l'honneur et la joie de tout le peuple, et il attachera à son nom une gloire immortelle* (2). »

(1) Vir fidelis multum laudabitur. (Prov., IV, 18.

(2) Jucunditatem et exultationem thezaurizabit super illum, e nomine æterno hæreditabit eum. (Eccli., XV, 6.)

TABLE DES MATIÈRES

Paris. Imp. de l'Œuvre de Saint-Paul, rue de Lille 51.

— 350 —

www.ingramcontent.com/pod-product-compliance
Ingram Content Group UK Ltd.
Pitfield, Milton Keynes, MK11 3LW, UK
UKHW020607180726
13838UKWH00001B/483